국민* 초급한국어2

국민대학교 국제교육원

국민대학교 출판부

국민* 초급한국어2

초판 1쇄	2021년 9월 10일
편 집 인	국민대학교 국제교육원
편 저 자	정연희, 윤보은, 강보미
감 수	이동은

발 행 인	임홍재
발 행 처	국민대학교 출판부
전 화	02-910-4242~3
팩 스	02-910-4240

인쇄 · 편집	동방인쇄공사
전 화	02-468-0301
녹 음	옐로우랩 사운드

ISBN 978-89-7812-501-7
978-89-7812-500-0(세트)

값 24,000원 (세트 34,000원)

머리말

2020년 현재 한국어는 사용 인구 면에서 세계 20위권의 주요 언어로 자리매김하고 있습니다. 한국어는 한국 문화와 더불어 한국을 널리 알리고, 세계인들과 함께 소통하는 매우 중요한 역할을 수행하고 있습니다. 이러한 맥락에서 한국어의 위상은 전 세계적인 한국어의 학습 열풍과 함께 앞으로도 한층 높아질 것으로 전망합니다. 최근 들어 한국어 교육은 외국어 교육 분야의 패러다임 변화가 가져온 전기를 맞아 더욱 새로운 모습으로 세계 주요 외국어 교육계와 어깨를 나란히 하면서 도약하고 있습니다.

국민대학교는 2002년 3월부터 외국인을 위한 한국어 교육을 시작했으며, 2020년 4월 기준으로 세계 50여 개국 언어문화권의 학습자들이 한국어를 배우고 있습니다. 이렇게 날로 증가하는 외국인 학습자들의 다변화된 요구를 반영하려는 노력으로 2010년부터 시작된 한국어 교재 연구 · 개발 프로젝트에서는 〈국민한국어〉의 초급, 중급의 완간으로 그 결실을 보았습니다. 이제 이 프로젝트의 일환으로 학습자 친화력과 실용성을 극대화한 교재인 초급 국민한국어 2 를 펴내게 되었습니다.

초급 국민한국어 2에는 그간 국민대학교 국제교육원 한국어교육센터가 축적해 온 한국어 교육과정의 연구 · 개발 성과가 매우 흥미롭고 합리적인 방식으로 구현되어 있습니다. 이 교재는 다음과 같은 특성을 지닙니다.

첫째, 단기간에 한국어의 기초를 습득하려는 학습자들을 대상으로 하여 〈국민한국어 1〉과 〈국민한국어 2〉의 핵심적인 내용을 담았습니다. 〈국민한국어 1〉과 〈국민한국어 2〉가 학습자의 관점에서 내용이 다채롭고 유익하다는 점이 검증된 만큼 이 교재도 학습자에게 친밀하게 다가갈 것으로 생각합니다.

둘째, 한 학기의 수업 시간을 고려하여 내용이 구성되었으며, 한국어를 처음 배우는 학습자라도 기본적인 여러 상황에서 의사소통능력을 발휘할 수 있도록 하는 데 초점을 맞추었습니다.

셋째, 읽기와 문화 영역을 두어 초급 학습자의 이해 능력을 높이고 한국 문화를 간접적으로 경험할 수 있는 기회를 제공하여, 한국어에 대한 관심과 흥미를 지속적으로 기를 수 있도록 구성하였습니다.

초급 국민한국어 2를 출간하면서 감사해야 할 분들이 참으로 많습니다. 우선 이 교재의 특성을 종합적으로 고려하여 연구와 개발에 무한한 열정을 쏟아 주신 교양대학의 정연희, 윤보은 교수님과 국제교육원의 강보미 선생님께 깊은 감사를 드립니다. 보다 재미있고, 효율적인 한국어 교육을 위해 연구, 개발과 수업에 임하고 계신 국민대학교의 여러 선생님께도 감사의 인사를 드립니다. 그리고 교재가 예쁘게 나올 수 있도록 도움을 주신 박근영 교수님과 번역과 감수를 맡아 주신 여러 교수님께도 감사를 드립니다.

또한, 편집과 출판을 맡아 책을 멋지게 꾸며 주신 국민대학교 성곡도서관 관장님과 출판부 직원 여러분께도 깊은 경의를 표합니다. 교재 집필진 및 출판부와 함께하며 이 교재의 맵시를 더해 주신 동방미디어의 편집 및 디자인 전문가의 노고에도 감사드립니다. 그리고 교재 제작 전 과정에서 아낌없는 지원을 해 주신 국제교육원 교학팀에도 큰 감사를 드립니다.

앞으로 많은 학습자들이 초급 국민한국어 2를 통해 한국어로 즐겁게 소통하며, 동시에 한국어 교육자들의 관심을 불러일으켜 더욱 효과적인 한국어의 교수와 학습이 이루어지기를 바랍니다. 아울러 이 교재가 한국어 교육 발전사에 의미있게 기여하기를 기원합니다.

2020년 8월

국민대학교 국제교육원장 이 동 은

차례

Contents

교수 요목

과	제목	문법 및 표현	기능	문화
1과	저녁은 제가 살게요	-는데요 -(으)ㄹ게요	거절하기 약속하기	한국의 한턱 문화: "제가 살게요."
2과	저녁에 친구하고 만나기로 했어요	-(으)려고 하다 -기로 하다	의도 표현하기 계획 말하기	
3과	한국 사람들이 여름에 자주 먹는 음식이 뭐예요?	-아/어/여지다 -는(동사 관형형)	상태 변화 말하기	
읽기	1. 종로에서 파전을 먹으려고 해요 2. N서울타워 안에 있는 식당에 갔어요			
4과	은행에 가서 환전을 해야 해요	-아/어/여서[2] -(으)ㄴ[2](동사 관형형)	일정 말하기	주민 센터 문화 프로그램
5과	한국 사람하고 이야기할 때 아직도 힘들어요	못 -(으)ㄹ 때	불가능 표현하기 특정 상황 말하기	
6과	예약을 못 하면 어떻게 하려고 해요?	-(으)ㄹ(동사 관형형) -(으)면	조건/가정 말하기	
읽기	3. 친구한테 전화를 해서 약속을 취소했어요 4. 저는 고기를 못 먹습니다			
7과	청소는 다 했는데 요리는 아직 못 했어요	-(으)ㄹ까요?[2] -(으)ㄹ 거예요[2] -는데	추측하기 대조 표현하기	외국인이 자주 가는 서울의 명소
8과	쭉 가다가 사거리에서 왼쪽으로 돌아가세요	-(으)니까 -다가	이유 말하기 길 안내하기	
9과	집 안에 신발을 신고 들어가면 안 돼요	-아/어/여도 되다 -(으)면 안 되다	허락 표현하기 금지 표현하기	
10과	관심이 있으면 한번 가 보세요	-아/어/여 보다 -(으)면서	시도/경험 말하기	
읽기	5. 밤 12시까지 기숙사에 들어와야 합니다 6. 저는 꿈이 많습니다			
11과	운동을 해 보려고 스포츠 센터를 찾고 있어요	(이)나, -거나 -(으)려고	나열하여 말하기 목적 말하기	서울글로벌 센터
12과	작년에 그 공연을 본 적이 있어요	-네요 -(으)ㄴ 적이 있다/없다	알게 된 사실 말하기 특별한 경험 이야기하기	
13과	이 모자는 안 어울릴 것 같은데요	-는/(으)ㄴ/(으)ㄹ 것 같다	추측 말하기	
14과	저한테 한국말을 잘한다고 했어요	-는다고/다고 하다 -냐고/(으)라고/자고 하다	정보 전달하기	
읽기	7. 이 가방은 주머니가 많아서 편리할 것 같아요 8. 저는 학교 근처에 있는 커피숍에 자주 갑니다			

Table of Contents

교재 구성과 사용법

The structure of this textbook and how to use it

초급 국민* 한국어2 는 단기간에 한국어를 습득하려는 학습자들을 위해 <국민한국어 1>과 <국민한국어 2>의 핵심적인 내용을 모아 개발한 교재이다. 이 책은 초급 수준의 학습자를 대상으로 그들이 접하기 쉬운 상황에서 한국어로 의사소통할 수 있는 능력을 키우는 데 목적을 두고 있다.

이 책은 한 학기의 수업 시간을 고려하여 전체 단원이 14개로 구성되었으며, 3~4개의 단원마다 읽기와 문화 영역을 두어, 이해 능력을 높이고 한국 문화를 간접적으로 경험할 수 있는 기회를 제공하였다.

<Kookmin* Beginner Korean 2> is a textbook compiling the essential content of <Kookmin Korean 1>, <Kookmin Korean 2> for students who want to learn the basics of the language in a short amount of time. Designed for a semester-long course, the book is divided into 14 units, with articles to read and culture insights placed every 3~4 units to provide opportunities to raise the students' understanding skills and increase their indirect exposure to Korean culture.

한 과의 구성 Structure of a unit

문법 1	문법 2
준비 / 연습 1 / 연습 2 / 연습 3	준비 / 연습 1 / 연습 2 / 연습 3
대화 1	대화 2

해 봅시다

문법 설명 어휘와 표현

☞ 문법 1, 2 Grammar 1, 2

해당 단원의 목표가 되는 문법을 제시하였다.

It presents the grammar that is the target of the unit.

☞ 준비 Preparation

해당 목표 문법을 이용한 기본 대화를 제시하여 목표 문법의 의미를 쉽게 이해할 수 있도록 하였다.

It presents basic dialogue using the target grammar so that learners can easily understand the meaning of the grammar.

☞ 연습 1 Exercise 1

해당 목표 문법의 형태를 연습할 수 있도록 구성하였다.

It is designed to practice the form of the target grammar.

☞ 연습 2 Exercise 2

질문하고 대답하는 연습으로 해당 목표 문법을 익힐 수 있도록 구성하였다.

It is a question-and-answer exercise so that learners can learn the target grammar.

☞ 연습 3 Exercise 3

해당 목표 문법을 활용하여 자유롭게 이야기할 수 있도록 구성하였다.

It is designed to promote free speech using the target grammar.

☞ 대화 1, 2 Conversation 1, 2

앞에서 다룬 문법을 활용하여 주제가 있는 대화를 할 수 있도록 구성하였다. 대화 1은 문법 1에서 다룬 내용을, 대화 2는 문법 2에서 다룬 내용을 각각 반영하여 구성하였다.

It is designed to make dialogue with topics using the grammar learned earlier. Conversation 1 covers the contents of grammar 1, and Conversation 2 covers the contents of grammar 2.

해 봅시다 Activities

해당 단원에서 다룬 내용을 활용하여 언어적 기능 수행을 위한 다양한 과제 활동을 제시하였다.

It presents various tasks and activities to put the grammatical structures into practice.

문법 설명 Explanation

해당 단원의 문법이나 표현과 관련된 설명을 덧붙여서 학습자들의 이해를 돕도록 하였다.

It presents explanations of the grammar or expression of the unit to help learners understand.

어휘와 표현 New words and expressions

해당 단원에서 등장한 새 어휘와 표현을 제시하였다.

It presents new vocabularies and expressions in the unit.

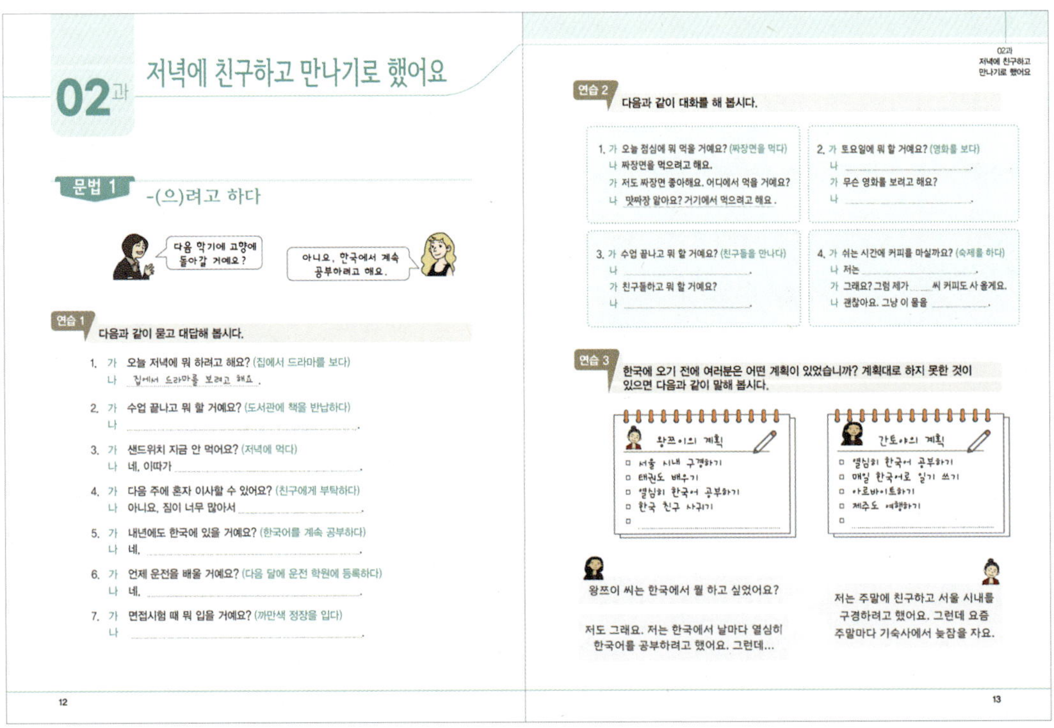

02과 저녁에 친구하고 만나기로 했어요

문법 1 -(으)려고 하다

연습 1 다음과 같이 묻고 대답해 봅시다.

1. 가 오늘 저녁에 뭐 하려고 해요? (집에서 드라마를 보다)
   나 집에서 드라마를 보려고 해요.
2. 가 수업 끝나고 뭐 할 거예요? (도서관에 책을 반납하다)
   나 ________.
3. 가 샌드위치 지금 안 먹어요? (저녁에 먹다)
   나 네, 이따가 ________.
4. 가 다음 주에 혼자 이사할 수 있어요? (친구에게 부탁하다)
   나 아니요, 짐이 너무 많아서 ________.
5. 가 내년에도 한국에 있을 거예요? (한국어를 계속 공부하다)
   나 네, ________.
6. 가 언제 운전을 배울 거예요? (다음 달에 운전 학원에 등록하다)
   나 네, ________.
7. 가 면접시험 때 뭐 입을 거예요? (까만색 정장을 입다)
   나 ________.

12

02과 저녁에 친구하고 만나기로 했어요

연습 2 다음과 같이 대화를 해 봅시다.

1. 가 오늘 점심에 뭐 먹을 거예요? (짜장면을 먹다)
   나 짜장면을 먹으려고 해요.
   가 저도 짜장면 좋아해요. 어디에서 먹을 거예요?
   나 맛짜장 알아요? 거기에서 먹으려고 해요.
2. 가 토요일에 뭐 할 거예요? (영화를 보다)
   나 ________.
   가 무슨 영화를 보려고 해요?
   나 ________.
3. 가 수업 끝나고 뭐 할 거예요? (친구들을 만나다)
   나 ________.
   가 친구들하고 뭐 할 거예요?
   나 ________.
4. 가 쉬는 시간에 커피를 마실까요? (숙제를 하다)
   나 저는 ________.
   가 그래요? 그럼 제가 ____ 씨 커피도 사 올게요.
   나 괜찮아요. 그냥 이 물을 ________.

연습 3 한국에 오기 전에 여러분은 어떤 계획이 있었습니까? 계획대로 하지 못한 것이 있으면 다음과 같이 말해 봅시다.

왕쯔이 씨는 한국에서 뭘 하고 싶었어요?

저는 주말에 친구하고 서울 시내를 구경하려고 했어요. 그런데 요즘 주말마다 기숙사에서 늦잠을 자요.

저도 그래요. 저는 한국에서 날마다 열심히 한국어를 공부하려고 했어요. 그런데...

13

교재 사용법 How to use this textbook

이 교재는 학습 상황에 따라 다음과 같이 활용할 수 있다.
This textbook can be used in various ways depending on the structure of the class.

유형 1 Option 1

1차시(75분) 1st period(75 minutes)	2차시(75분) 2nd period(75 minutes)
문법 1 – 대화 1 Grammar 1 – Conversation 1	문법 2 – 대화 2 – 해 봅시다 Grammar 2 – Conversation 2 – Activities

유형 2 Option 2

1차시(50분) 1st period(50 minutes)	2차시(50분) 2nd period(50 minutes)	3차시(50분) 3rd period(50 minutes)
문법 1 Grammar 1	문법 2 Grammar 2	대화 1 – 대화 2 – 해 봅시다 Conversations 1 & 2 – Activities

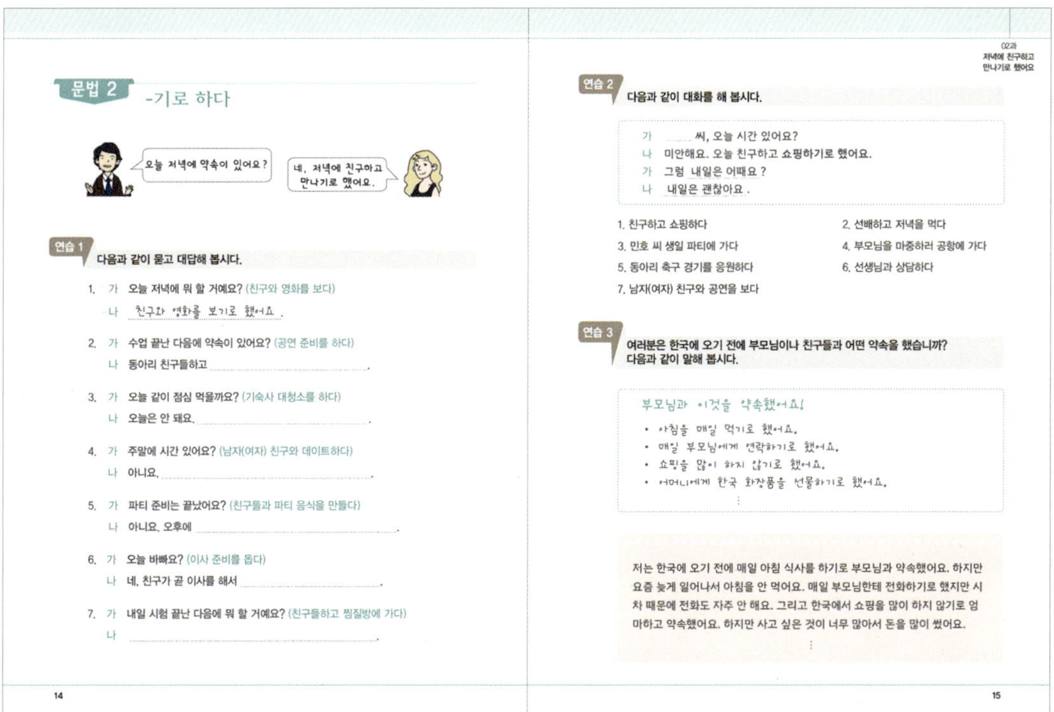
문법 2 -기로 하다

연습 1 다음과 같이 묻고 대답해 봅시다.

1. 가 오늘 저녁에 뭐 할 거예요? (친구와 영화를 보다)
   나 친구와 영화를 보기로 했어요.
2. 가 수업 끝난 다음에 약속이 있어요? (공연 준비를 하다)
   나 동아리 친구들하고 ______.
3. 가 오늘 같이 점심 먹을까요? (기숙사 대청소를 하다)
   나 오늘은 안 돼요. ______.
4. 가 주말에 시간 있어요? (남자(여자) 친구와 데이트하다)
   나 아니요. ______.
5. 가 파티 준비는 끝났어요? (친구들과 파티 음식을 만들다)
   나 아니요. 오후에 ______.
6. 가 오늘 바빠요? (이사 준비를 돕다)
   나 네. 친구가 곧 이사를 해서 ______.
7. 가 내일 시험 끝난 다음에 뭐 할 거예요? (친구들하고 찜질방에 가다)
   나 ______.

14

02과 저녁에 친구하고 만나기로 했어요

연습 2 다음과 같이 대화를 해 봅시다.

가 ______ 씨, 오늘 시간 있어요?
나 미안해요. 오늘 친구하고 쇼핑하기로 했어요.
가 그럼 내일은 어때요?
나 내일은 괜찮아요.

1. 친구하고 쇼핑하다
2. 선배하고 저녁을 먹다
3. 민호 씨 생일 파티에 가다
4. 부모님을 마중하러 공항에 가다
5. 동아리 축구 경기를 응원하다
6. 선생님과 상담하다
7. 남자(여자) 친구와 공연을 보다

연습 3 여러분은 한국에 오기 전에 부모님이나 친구들과 어떤 약속을 했습니까? 다음과 같이 말해 봅시다.

부모님과 이것을 약속했어요!
- 아침을 매일 먹기로 했어요.
- 매일 부모님에게 연락하기로 했어요.
- 쇼핑을 많이 하지 않기로 했어요.
- 어머니에게 한국 화장품을 선물하기로 했어요.

⋮

저는 한국에 오기 전에 매일 아침 식사를 하기로 부모님과 약속했어요. 하지만 요즘 늦게 일어나서 아침을 안 먹어요. 매일 부모님한테 전화하기로 했지만 시차 때문에 전화도 자주 안 해요. 그리고 한국에서 쇼핑을 많이 하지 않기로 엄마하고 약속했어요. 하지만 사고 싶은 것이 너무 많아서 돈을 많이 썼어요.

⋮

15

왕쯔이
중국

장핑
중국

간토야
몽골

바트
몽골

마키
일본

카오루
일본

등장 인물

압둘라	이리나	알렉세이	투이	제프리	이지훈	김윤아
사우디 아라비아	러시아	러시아	베트남	미국	한국	한국

01과

저녁은 제가 살게요

01과 저녁은 제가 살게요

문법 1 -는데요

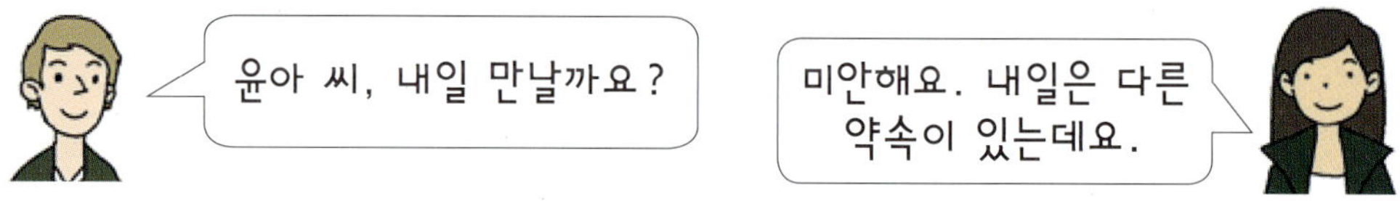

연습 1 다음과 같이 묻고 대답해 봅시다.

1. 가 내일 콘서트에 갈까요? (내일 시험이 있다)
   나 미안해요. 내일 시험이 있는데요.

2. 가 공포 영화를 볼까요? (무서운 영화를 안 좋아하다)
   나 저는 .... 코미디 영화는 어때요?

3. 가 수업 끝난 다음에 같이 노래방에 갈까요? (아르바이트하러 가다)
   나 저는 ....

4. 가 같이 식사할까요? (벌써 먹었다)
   나 저는 ....

5. 가 오늘 야근할 수 있어요? (몸이 좀 안 좋다)
   나 죄송해요. 오늘은 ....

6. 가 오늘 같이 테니스를 칠까요? (숙제가 많다)
   나 미안해요. 오늘은 ....

7. 가 잠깐 통화할 수 있어요? (운전 중이다)
   나 지금은 ....

연습 2

다음과 같이 대화를 해 봅시다.

가 지금 같이 청소를 할까요?
나 지금은 **바쁜데요.**
가 그럼 언제 할까요?
나 주말에 같이 해요.

1. 지금 같이 청소를 하다 / 지금은 바쁘다
2. 불고기를 먹으러 가다 / 고기를 안 먹다
3. 명동에 버스를 타고 가다 / 시간이 많이 걸리다
4. 여기서 잠깐 이야기하다 / 여기는 너무 시끄럽다
5. 내일 등산을 하다 / 등산을 좋아하지 않다
6. 저 영화를 보다 / 지난주에 봤다

연습 3

친구의 제안에 다음과 같이 이야기해 봅시다.

가 이리나 씨, 같이 식사할까요?
나 미안해요. 지금은 배가 안 고픈데요.
가 그럼 한 시간 후에 식당에 갈까요?
나 그때는 친구와 약속이 있는데요.
가 그럼 내일은 어때요?
나 내일은 수업이 늦게 끝나는데요. 미안해요.
가 그럼 주말에는 어때요?
⋮

같이 식사하다

내일 놀이공원에 가다

주말에 한강에서 자전거를 타다

이번 주 토요일에 영화를 보다

수업이 끝난 다음에 같이 쇼핑하러 가다

같이 축구하다

문법 2 -(으)ㄹ게요

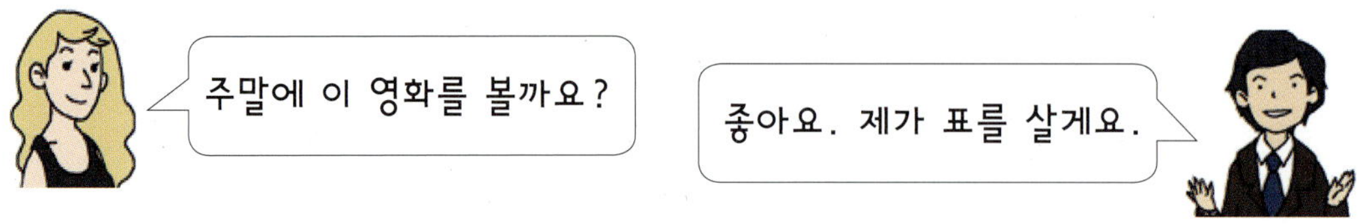

연습 1 다음과 같이 묻고 대답해 봅시다.

1. 가 언제 통화할 수 있어요? (연락하다)
   나 이따가 다시 연락할게요.

2. 가 어디에서 기다릴 거예요? (여기에서 기다리고 있다)
   나 …………………………………….

3. 가 왕쯔이 씨는 뭘 먹을 거예요? 저는 비빔밥을 먹을 거예요. (먹다)
   나 그럼 저도 비빔밥을 …………………….

4. 가 강의실이 너무 더워요. (창문을 열다)
   나 그럼 제가 …………………………….

5. 가 지훈 씨, 오늘도 지각했어요. (일찍 오다)
   나 선생님, 죄송해요. 내일은 …………………….

6. 가 좀 춥지 않아요? (에어컨을 끄다)
   나 그럼 …………………………….

7. 가 음악이 좀 시끄러워요. (조용히 하다)
   나 미안해요. …………………………….

연습 2 다음과 같이 대화를 해 봅시다.

가 내일 중국어 번역 좀 도와줄 수 있어요?
나 네, 알겠어요.
가 고마워요. 몇 시에 학교에 올 수 있어요?
나 2시에 **올게요**.

1. 내일 중국어 번역을 도와주다 / 몇 시에 학교에 오다
2. 여행 가방을 빌려주다 / 언제 가져오다
3. 파티 때 음식을 만들어 주다 / 무슨 음식을 만들다
4. 제 컴퓨터를 고쳐 주다 / 언제 기숙사에 들르다
5. 저한테 영어를 가르쳐 주다 / 언제부터 가르쳐 주다

연습 3 다음 주에 간토야 씨 생일이 있어서 파티를 준비하려고 합니다.
다음에서 여러분이 할 수 있는 것에 대해 친구와 이야기해 봅시다.

<간토야 씨 생일 파티 준비>

- ☐ 케이크 : 알렉세이
- ☐ 떡볶이 : .... / 김밥 : .... / 몽골 음식 : ....
- ☐ 콜라 : .... / 주스 : ....
- ☐ 종이컵, 접시, 젓가락, 휴지 : ....
- ☐ .... : ....

장핑　간토야 씨 생일 파티 준비를 할까요?
왕쯔이　좋아요. 뭐가 필요할까요?
알렉세이　제가 케이크를 만들게요. 요즘 요리 학원에 다녀요.
⋮

대화 1

01

바트	왕쯔이 씨, 수업 끝난 다음에 같이 저녁을 먹을까요?
왕쯔이	오늘은 아르바이트가 있는데요.
바트	아르바이트를 하세요?
왕쯔이	네, 커피숍에서 일해요.
바트	그럼 내일은 시간이 있어요?
왕쯔이	미안해요. 피곤해서 내일은 좀 쉬고 싶은데요.
바트	알겠어요. 그럼 다음에 만나요.

확인해 봅시다.

☐ 두 사람은 오늘 같이 식사를 할 거예요?

☐ 왕쯔이 씨는 내일 뭘 할 거예요?

친구들과 함께 위와 같이 이야기해 봅시다.

대화 2

02

제프리	마키 씨, 내일 시간 있어요?
마키	내일은 다른 약속이 있는데요. 왜요?
제프리	마키 씨하고 같이 영화를 보러 가고 싶어서요.
마키	그래요? 금요일 저녁은 어때요?
제프리	좋아요. 그럼 제가 표를 예매할게요.
마키	우리 영화 보고 같이 식사할까요? 저녁은 제가 살게요.

확인해 봅시다.

- □ 두 사람은 언제 영화를 보러 갈 거예요?
- □ 영화를 본 다음에 두 사람은 무엇을 할 거예요?

다음 표현을 사용해서 위와 같이 대화를 만들어 봅시다.

영화를 보러 가다	금요일 저녁	표를 예매하다	식사하다
한옥 마을을 구경하다	토요일	예약하다	차를 마시다
뮤지컬을 보러 가다	일요일 오후	표를 예매하다	노래방에 가다

해 봅시다!

다음과 같은 상황이라면 여러분은 무슨 약속을 하겠습니까? 친구와 함께 아래의 대화처럼 역할극을 해 봅시다.

선생님	장핑 씨, 왜 숙제를 안 했어요?
장핑	죄송합니다. 어제 너무 바빴어요. 내일은 꼭 할게요.
선생님	책은 가지고 왔어요?
장핑	아니요, 안 가지고 왔는데요. 내일은 꼭 가지고 올게요.
선생님	연필은 있어요?
장핑	정말 죄송합니다. 내일은 꼭 준비할게요.

학생이…
- 숙제를 안 해요.
- 책을 안 가지고 와요.
- 연필이 없어요.

아이가…
- 늦게 자고 늦게 일어나요.
- 책상 정리를 안 해요.
- 숙제를 안 해요.
- 핸드폰만 봐요.

남편이…
- 날마다 늦게 집에 들어와요.
- 집안일을 안 해요.
- 아이를 돌보지 않아요.
- 매일 술을 마셔요.

여자 친구가…
- 내 생일을 잊어버렸어요.
- 요즘 연락을 자주 안 해요.
- 주말마다 집에서 쉬고 싶어 해요.

문법 설명

-는데요

Used when the speaker delivers certain situation or indirectly express certain intention expecting listener's follow-up response. It is also used when the speaker indirectly expresses his/her rejection. After a verb stem, '-는데요' should be used. If the last syllable of an adjective has the syllable final consonant, '-은데요' should be used, and if the last syllable ends with a vowel, '-ㄴ데요' is used. If the last syllable ends with 'ㄹ', this 'ㄹ' should be deleted and '-는데요(verb)/ㄴ데요(adjective)' is used. In the case of 'noun+이다' and 'noun+이/가 아니다', 'noun+인데요' and 'noun+이/가 아닌데요' can be used, and '있다/없다' can be used as a form of '있는데요/없는데요'. It also can be used with a tense marker.

- 가 얘기 좀 할까요?
  나 지금은 좀 **바쁜데요**.
- 가 그럼 내일 만날까요?
  나 죄송합니다. 내일도 시간이 **없는데요**.
- 가 여기에 앉아도 돼요?
  나 미안합니다. 제 자리**인데요**.
- 가 점심 먹으러 갈까요?
  나 벌써 **먹었는데요**.

-(으)ㄹ게요

Used when the speaker expresses his or her own willingness or expresses a promise to the listener. The subject should be the speaker himself/herself. After the verb stem ends with a consonant, '-을게요' is used, but when the verb stem ends with a vowel, '-ㄹ게요' is used, and when the verb stem ends with 'ㄹ', this 'ㄹ' should be deleted and '-ㄹ게요' is used.

- 가 이것 좀 도와주세요.
  나 네, 지금 **갈게요**.
- 가 이 책을 누가 읽을까요?
  나 제가 **읽을게요**.
- 가 방이 너무 덥지 않아요?
  나 제가 창문을 **열게요**.

It is also used for asking simple permission.

- 문 좀 **닫을게요**.
- 여기 좀 **앉을게요**.

어휘와 표현

코미디	식사하다	가져오다	접시	정리
벌써	놀이공원	때	학원	집안일
야근하다	표	컴퓨터	다른	돌보다
치다	다시	고치다	예매하다	잊어버리다
통화하다	강의실	들르다	예약하다	몸이 좀 안 좋다
잠깐	번역	준비	한옥 마을	
등산	고맙다	종이컵	뮤지컬	

MEMO

02과

저녁에 친구하고 만나기로 했어요

02과 저녁에 친구하고 만나기로 했어요

문법 1 -(으)려고 하다

연습 1 다음과 같이 묻고 대답해 봅시다.

1. 가 오늘 저녁에 뭐 하려고 해요? (집에서 드라마를 보다)
   나 집에서 드라마를 보려고 해요 .
2. 가 수업 끝나고 뭐 할 거예요? (책을 반납하러 도서관에 가다)
   나 ....
3. 가 샌드위치 지금 안 먹어요? (저녁에 먹다)
   나 네, 이따가 ....
4. 가 다음 주에 혼자 이사할 수 있어요? (친구에게 부탁하다)
   나 아니요, 짐이 너무 많아서 ....
5. 가 내년에도 한국에 있을 거예요? (한국어를 계속 공부하다)
   나 네, ...
6. 가 언제 운전을 배울 거예요? (다음 달에 운전 학원에 등록하다)
   나 ....
7. 가 면접시험 때 뭐 입을 거예요? (까만색 정장을 입다)
   나 ....

연습 2

다음과 같이 대화를 해 봅시다.

1. 가 점심에 뭐 먹을 거예요? (짜장면을 먹다)
   나 짜장면을 **먹으려고 해요.**
   가 저도 좋아해요. 어디에서 먹을 거예요?
   나 맛짜장 알아요? 거기에서 먹으려고 해요 .

2. 가 토요일에 뭐 할 거예요? (영화를 보다)
   나 ………………………………………….
   가 무슨 영화를 보려고 해요?
   나 ………………………………………….

3. 가 수업 끝나고 뭐 할 거예요? (친구를 만나다)
   나 ………………………………………….
   가 친구하고 뭐 할 거예요?
   나 ………………………………………….

4. 가 쉬는 시간에 커피 마실까요? (숙제하다)
   나 저는 ………………………………………….
   가 그럼 제가 ………… 씨 커피도 사 올게요.
   나 괜찮아요. 그냥 이 물을 ………………….

연습 3

한국에 오기 전에 여러분은 어떤 계획이 있었습니까? 계획대로 하지 못한 것이 있으면 다음과 같이 말해 봅시다.

왕쯔이의 계획

- □ 서울 시내 구경하기
- □ 태권도 배우기
- □ 열심히 한국어 공부하기
- □ 한국 친구 사귀기
- □ ………………………………

간토야의 계획

- □ 열심히 한국어 공부하기
- □ 매일 한국어로 일기 쓰기
- □ 아르바이트하기
- □ 제주도 여행하기
- □ ………………………………

왕쯔이 씨는 한국에서 뭘 하고 싶었어요?

저는 주말에 친구하고 서울 시내를 구경하려고 했어요. 그런데 요즘 주말마다 기숙사에서 늦잠을 자요.

저도 그래요. 저는 한국에서 날마다 열심히 한국어를 공부하려고 했어요. 그런데…

문법 2 -기로 하다

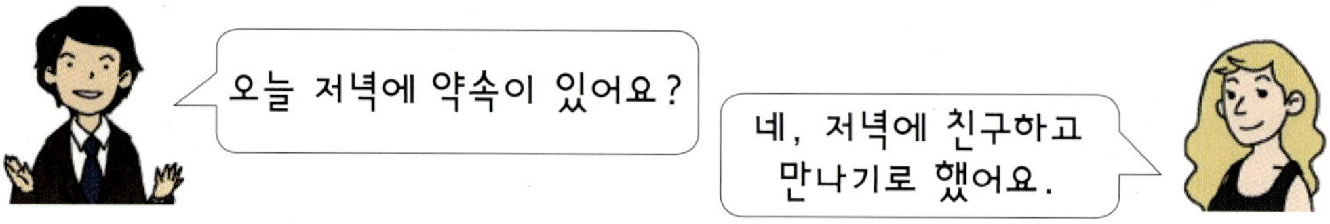

연습 1 다음과 같이 묻고 대답해 봅시다.

1. 가 오늘 저녁에 뭐 할 거예요? (친구와 영화를 보다)
   나 친구와 영화를 보기로 했어요.

2. 가 수업 끝난 다음에 약속이 있어요? (공연 준비를 하다)
   나 동아리 친구들하고 ....

3. 가 오늘 같이 점심 먹을까요? (기숙사 대청소를 하다)
   나 오늘은 안 돼요. ....

4. 가 주말에 시간 있어요? (남자(여자) 친구와 데이트하다)
   나 아니요, ...

5. 가 파티 준비는 끝났어요? (친구들과 파티 음식을 만들다)
   나 아니요, 오후에 ....

6. 가 오늘 바빠요? (이사 준비를 돕다)
   나 네, 친구가 곧 이사를 해서 ....

7. 가 내일 시험 끝난 다음에 뭐 할 거예요? (친구들하고 찜질방에 가다)
   나 ....

연습 2

다음과 같이 대화를 해 봅시다.

가 ______ 씨, 오늘 시간 있어요?
나 미안해요. 오늘 친구하고 **쇼핑하기로 했어요.**
가 그럼 내일은 어때요?
나 내일은 괜찮아요.

1. 친구하고 쇼핑하다
2. 선배하고 저녁을 먹다
3. 민호 씨 생일 파티에 가다
4. 부모님을 마중하러 공항에 가다
5. 동아리 축구 경기를 응원하다
6. 선생님과 상담하다
7. 남자(여자) 친구와 공연을 보다

연습 3

여러분은 한국에 오기 전에 부모님이나 친구들과 어떤 약속을 했습니까?
다음과 같이 말해 봅시다.

부모님과 이것을 약속했어요!

- 아침을 매일 먹기로 했어요.
- 매일 부모님에게 연락하기로 했어요.
- 쇼핑을 많이 하지 않기로 했어요.
- 엄마한테 한국 화장품을 선물하기로 했어요.

⋮

저는 한국에 오기 전에 매일 아침 식사를 하기로 부모님과 약속했어요. 하지만 요즘 늦게 일어나서 아침을 안 먹어요. 매일 부모님한테 전화하기로 했지만 시차 때문에 전화도 자주 안 해요. 그리고 한국에서 쇼핑을 많이 하지 않기로 엄마하고 약속했어요. 하지만 사고 싶은 것이 너무 많아서 돈을 많이 썼어요.

⋮

대화 1

03

이리나 압둘라 씨, 많이 기다렸어요?

압둘라 아, 방금 이리나 씨한테 전화하려고 했어요.

이리나 미안해요. 길이 막혀서 시간이 좀 걸렸어요.

압둘라 괜찮아요. 우리 이제 공연을 보러 가요.

이리나 네, 공연이 끝난 다음에 같이 저녁을 먹을까요?

압둘라 다음에 먹어요. 오늘은 추워서 그냥 집에 가고 싶어요.

확인해 봅시다

- □ 이리나 씨는 왜 약속 시간에 늦었어요?
- □ 두 사람은 공연 후에 저녁을 먹을 거예요?

친구들과 함께 위와 같이 이야기해 봅시다.

대화 2

04

카오루 이리나 씨, 제주도 여행 준비는 다 했어요?
이리나 아직 다 못 했어요. 비행기와 호텔만 예약했어요.
카오루 제주도에서는 어떻게 다닐 거예요?
이리나 차를 빌리려고 해요.
카오루 그래요? 누가 운전할 거예요?
이리나 제가 길을 잘 몰라서 친구가 운전하기로 했어요.
카오루 네, 여행 잘 다녀오세요.

확인해 봅시다.

□ 이리나 씨는 제주도에서 어떻게 다닐 거예요?

□ 누가 제주도에서 운전하기로 했어요?

다음 표현을 사용해서 위와 같이 대화를 만들어 봅시다.

제주도	차를 빌리다	운전 / 친구
하와이	버스로 다니다	안내 / 친구
모스크바	지하철을 타다	안내 / 러시아 친구

해 봅시다!

여러분은 한국에 있는 동안 다음과 같은 일을 하려고 합니다. 필요한 정보를 친구들에게 물어보세요.

태권도를 배우려고 해요.
- 어디서 배울 수 있어요?
- 뭘 준비해야 해요?
- 한국어를 잘해야 해요?

찜질방에 가려고 해요.
- 학교 근처에 좋은 찜질방이 있어요?
- 찜질방에서 무엇을 할 수 있어요?
- 가기 전에 뭘 준비해야 해요?

............(으)려고 해요.
-
-
-

문법 설명

-(으)려고 하다

Expresses intention or purpose of the action being described. If a verb stem ends with a consonant, '-으려고 하다' is used but when a verb ends with a vowel or 'ㄹ', '-려고 하다' is used.

- 어제 명동에 **가려고 했어요**.
- 저녁에 불고기를 **먹으려고 합니다**.
- 친구 생일이어서 케이크를 **만들려고 해요**.

-기로 하다

Attached after a verb, this pattern expresses that the action is decided, determined, or promised. Regardless of the existence of a consonant at the last syllable of the verb, this form '-기로 하다' is used. Instead of '하다', such verbs as '결심하다/결정하다(decide), 약속하다(promise)' can be used.

- 오후에 친구하고 도서관에 **가기로 했어요**.
- 주말에 친구와 한국 음식을 **만들기로 했어요**.
- 아침을 꼭 **먹기로** 부모님과 **약속했어요**.

어휘와 표현

반납하다	짜장면	데이트하다	상담하다	하와이
샌드위치	시내	돕다	시차	여행 잘 다녀오세요
부탁하다	열심히	곧	때문에	
짐	사귀다	찜질방	이제	
등록하다	늦잠	선배	공연	
면접시험	동아리	마중하다	방금	
정장	대청소	응원하다	아직	

MEMO

03과

한국 사람들이 여름에 자주 먹는 음식이 뭐예요?

03과 한국 사람들이 여름에 자주 먹는 음식이 뭐예요?

문법 1 -아/어/여지다

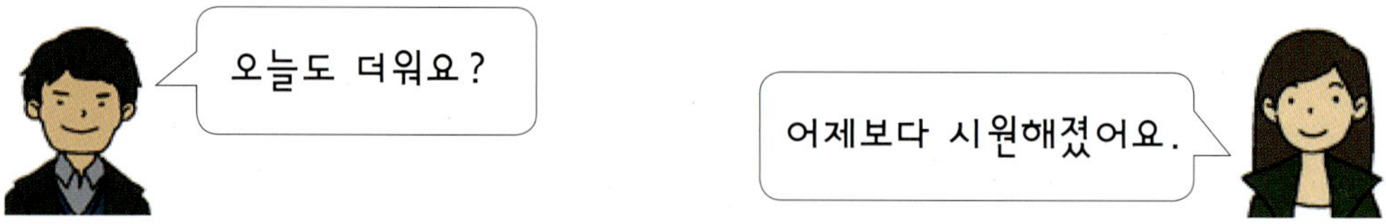

연습 1 그림을 보고 다음과 같이 묻고 대답해 봅시다.

지난달 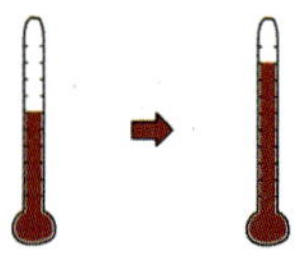 이번 달

1. 가 요즘 날씨가 너무 더워요. (많이 덥다)
   나 네, 지난달보다 많이 더워졌어요.

아침  지금

2. 가 지금도 날씨가 좋아요? (흐리다)
   나 아니요, ...

중간시험 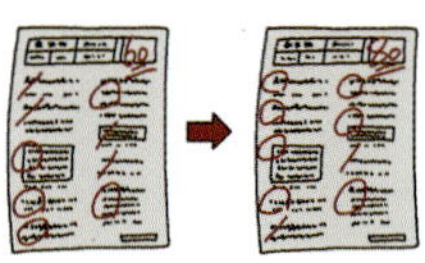 기말시험

3. 가 기말시험을 잘 봤어요? (좋다)
   나 네, 중간시험보다 성적이 ....

어제  오늘

4. 가 어제 미용실에 갔어요? (짧다)
   나 네, 머리를 잘라서 ....

운동(x)  운동(o)

5. 가 요즘도 운동을 자주 해요? (건강하다)
   나 네, 그래서 ....

연습 2

다음 그림을 보면서 오후와 밤의 풍경이 어떻게 달라졌는지 말해 봅시다.

〈오후〉

〈밤〉

가 오후에는 안 추웠어요. 그런데 밤에 **추워졌어요**.
나 맞아요. 그리고 사람이 ....
가 여기를 보세요. ....
⋮

연습 3

친구의 고민을 듣고 다음과 같이 친구에게 조언을 해 봅시다.

가 한국어가 너무 어려워요. 어떻게 해야 해요?
나 한국 드라마를 보세요. 그럼 한국어가 쉬워져요.
가 한국 드라마를 매일 보고 있어요. 하지만 말하기가 어려워요.
나 그럼 ....

- 한국어가 너무 어려워요.
- 날씬해지고 싶어요.
- 한국 생활이 즐겁지 않아요.
- 친구들에게 인기가 많지 않아요.
- 한국 사람과 친해지고 싶어요.
-

문법 2 -는

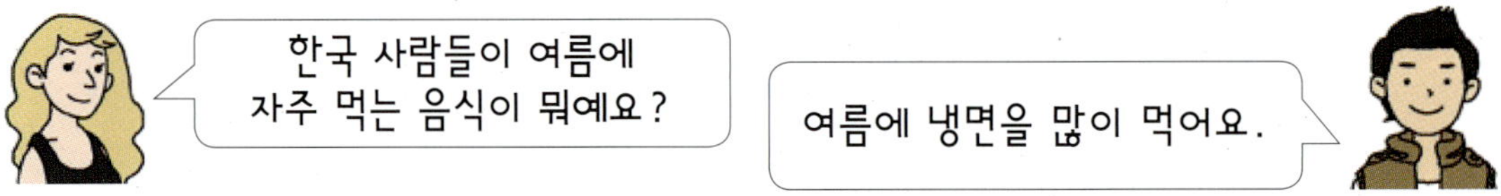

연습 1 다음과 같이 묻고 대답해 봅시다.

1. 가 무슨 외국어를 배우고 있어요? (요즘 배우다)

   나 제가 요즘 배우는 외국어는 스페인어예요.

2. 가 보통 어디에서 점심 식사를 해요? (요즘 자주 가다)

   나 .... 식당은 학교 앞 한식집이에요.

3. 가 모자가 아주 예뻐요. (요즘 유행하다)

   나 고마워요. .... 모자예요.

4. 가 이 과일은 이름이 뭐예요? (여름에 자주 먹다)

   나 참외예요. .... 과일이에요.

5. 가 찜질방에서 사람들이 .... 음료수가 뭐예요? (마시다)

   나 식혜예요. 한국 전통 음료예요.

6. 가 .... 책이 있어요? (요즘 읽고 있다)

   나 네, 저는 요즘 한국 역사책을 읽고 있어요.

7. 가 .... 음식이 뭐예요? (지금 만들다)

   나 김치볶음밥이에요.

연습 2

다음과 같이 대화를 해 봅시다.

가 .... 씨, 요즘 보는 드라마가 있어요?
나 네, 청춘 기억을 자주 봐요. 아주 재미있어요 .
가 그 드라마에 나오는 배우가 누구예요?
나 김서준하고 박보미예요 .

1. 요즘 보다 - 드라마 / 그 드라마에 나오다 - 배우
2. 자주 만들다 - 음식 / 그 음식에 들어가다 - 재료
3. 요즘 좋아하다 - 가수 / 그 가수가 부르다 - 노래
4. 요즘 자주 듣다 - 노래 / 그 노래를 부르다 - 가수
5. 자주 들르다 - 가게 / .... - ....
6. 주말에 자주 가다 - 곳 / .... - ....

연습 3

좋아하는 것과 싫어하는 것에 대해서 친구와 같이 이야기해 봅시다.

동물 　 한국 음식 　 색깔 　 배우 / 가수 　 채소

마키 씨는 무슨 동물을 좋아해요?

저는 강아지를 좋아해요.

그럼 싫어하는 동물이 있어요?

음.. 고양이를 안 좋아해요.
눈이 너무 무서워서요.

대화 1

05

압둘라	요즘 날씨가 정말 좋아요. 한국에서는 언제부터 여름이 시작돼요?
왕쯔이	6월부터 점점 더워져요. 그리고 7월과 8월에는 아주 더워요.
압둘라	제 고향도 여름에는 너무 더워서 밖에 나갈 수 없어요.
왕쯔이	압둘라 씨는 고향에서 여름을 어떻게 보냈어요?
압둘라	매일 아이스크림을 먹었어요. 그래서 이렇게 뚱뚱해졌어요.
왕쯔이	네? 하하하.

확인해 봅시다.

☐ 한국은 언제부터 더워져요?

☐ 압둘라 씨는 고향에서 여름을 어떻게 보냈어요?

친구들과 함께 위와 같이 이야기해 봅시다.

대화 2

06

장핑　오늘 날씨가 너무 더워요.

윤아　네, 장마가 끝나고 더워졌어요.

장핑　한국 사람들이 여름에 자주 먹는 음식이 뭐예요?

윤아　팥빙수 알아요?
시원하고 맛있어서 여름에 많이 먹어요.

장핑　아, 텔레비전에서 봤어요. 이 근처에 팥빙수를 파는 가게가 있어요?

윤아　학교 앞에 있어요. 같이 먹으러 갈까요?

확인해 봅시다.

□ 오늘 날씨가 어때요?

□ 두 사람은 이제 무엇을 할 거예요?

다음 표현을 사용해서 위와 같이 대화를 만들어 봅시다.

덥다	장마가 끝나다	여름 / 음식	팥빙수	시원하다 / 맛있다
춥다	눈이 오다	겨울 / 음식	군고구마	달다 / 맛있다
쌀쌀하다	비가 오다	겨울 / 차	유자차	따뜻하다 / 달다

해 봅시다!

한국의 사계절에 대해서 더 알아봅시다.

〈봄〉

따뜻하다

딸기

황사

〈여름〉

덥다

포도

수박

장마

〈가을〉

시원하다

감

사과

단풍

〈겨울〉

춥다

귤

눈

고향의 계절에 대해서 반 친구들에게 이야기해 봅시다.

- 계절의 날씨
- 계절에 먹는 음식
- 계절에 하는 활동

우리 반 친구들의 고향 중에서 가 보고 싶은 나라를 하나 선택하세요.
그리고 언제 가고 싶은지, 왜 그 계절에 가고 싶은지에 대해서 이야기해 봅시다.

문법 설명

-아/어/여지다

Attached after an adjective to express that the state discussed is gradually changing. If the last syllable of the stem of the adjective has 'ㅏ' or 'ㅗ', '-아지다' is attached, but if the last syllable ends with any other vowel, '-어지다' is attached. Lastly, if '-아/어/여지다' is combined with '하다', '하여지다(→ 해지다)' is used.

- 작년보다 한국어 실력이 **좋아졌어요**.
- 하늘이 **어두워졌어요**.
- 청소를 해서 방이 **깨끗해졌어요**.

-는

Attached after a verb or '있다', '없다' to modify the following noun. It expresses that the event or action being described is currently occurring or that it is happening concurrently with the main verb of the sentence.

- 이 노래가 요즘 자주 **듣는** 노래예요.
- 단어를 **외우는** 것이 힘들었어요.
- 지금 교실에 **있는** 사람이 누구예요?

어휘와 표현

흐리다	즐겁다	참외	곳	군고구마
중간시험	외국어	식혜	채소	유자차
기말시험	스페인어	전통	눈	활동
성적	한식집	역사	장마	
건강하다	유행하다	재료	팥빙수	

MEMO

읽기

1. 종로에서 파전을 먹으려고 해요
2. N서울타워 안에 있는 식당에 갔어요

읽기 1 종로에서 파전을 먹으려고 해요

여러분의 고향에도 사계절이 있습니까? 고향에서는 비가 오면 무엇을 합니까?

읽어 봅시다.

요즘은 장마철입니다. 1주일 동안 계속 비가 와서 제프리 씨는 축구를 할 수 없었습니다. 제프리 씨는 너무 심심했습니다. 그런데 윤아 씨한테서 메시지가 왔습니다. 제프리 씨는 윤아 씨의 메시지가 아주 반가웠습니다.

제프리 씨, 잘 지냈어요?
오늘 저녁에 지훈 씨하고
만날 거예요. 같이 만날까요?

좋아요.^^
요즘 심심했어요.
어디에서 만날까요?

우리는 오늘 파전을 먹으러
갈 거예요. 파전은 종로가
유명해서 거기에서 먹으려고
해요. 7시에 종로에서 만나요.

알겠어요.
그런데 파전이 뭐예요?

파전은 한국 사람들이
비 오는 날 먹는 음식이에요.
막걸리하고 같이 먹어요.^^

와~ 장마철에 잘 어울리는
음식이에요. 저는 막걸리도
아주 좋아해요.^^
그럼 이따가 종로에서
만나요.

가. 이야기해 봅시다.

1. 요즘 날씨가 어때요?
2. 윤아 씨의 메시지를 받고 제프리 씨 기분이 어땠어요?
3. 제프리 씨는 오늘 저녁에 뭘 할 거예요?

나. 맞으면 O, 틀리면 X를 하십시오.

1. 제프리 씨는 요즘 축구를 자주 합니다. (　　　)
2. 제프리 씨가 윤아 씨에게 먼저 메시지를 보냈습니다. (　　　)
3. 오늘 저녁에 종로에서 세 명이 만날 겁니다. (　　　)

다. ______에 주의하면서 읽어 봅시다.

1. 제프리 씨는 너무 심심했습니다.
2. 파전은 한국 사람들이 비 오는 날 먹는 음식이에요.
3. 막걸리하고 같이 먹어요.

라. 읽은 내용을 일기로 만들어 봅시다.

제프리의 일기

□월 △일 날씨 

오늘도 계속 비가 왔습니다.
저녁에 .... 에서 .... 하고 .... 을/를 만났습니다.
.... 을/를 먹고 .... 도 마셨습니다.
파전은 아주 맛있었습니다. 파전은 한국 사람들이 .... 먹는 음식입니다. 낮에는 심심했지만 저녁에는 ....

여러분은 비가 오는 날 무엇을 하고 싶습니까? 친구들과 같이 이야기해 봅시다.

어휘와 표현

장마철　메시지　파전　종로　날　막걸리　어울리다　낮

읽기 2 N서울타워 안에 있는 식당에 갔어요

여러분은 학교 홈페이지 주소를 압니까? 자주 가는 인터넷 사이트에 대해서 말해 봅시다.

읽어 봅시다.

국민대학교 KOOKMIN UNIVERSITY

아이디 로그인

프로그램소개 수강신청 커뮤니티 마이페이지

국민대학교

한국어교육센터

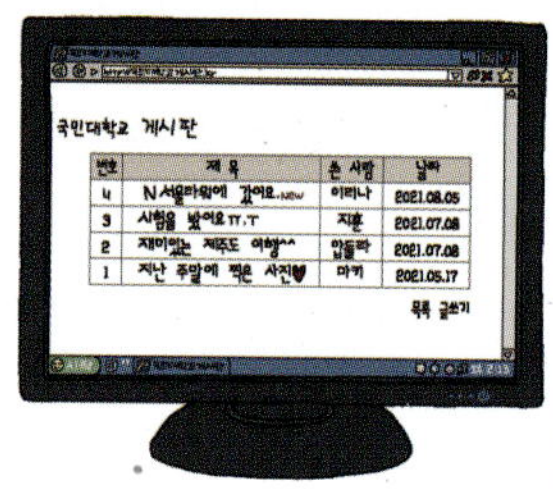

안녕하세요?

저는 러시아 교환 학생 이리나예요. 반가워요.

여러분은 방학에 뭘 하고 있어요? 저는 지난 주말에 친구들과 같이 N서울타워에 갔어요. 명동에서 N서울타워까지 케이블카를 타고 갔어요. N서울타워에는 아주 빠른 엘리베이터가 있었어요. 그 엘리베이터를 타고 전망대로 올라갔어요. 전망대에서 서울 시내를 볼 수 있었어요. 그리고 N서울타워 안에 있는 식당에서 저녁을 먹었어요. 거기에서 맛있는 음식을 먹고 야경도 볼 수 있었어요. 정말 아름다웠어요. 다음에는 남자 친구하고 같이 가고 싶어요.

가. 이야기해 봅시다.

1. 이리나 씨는 어디에 글을 썼어요?
2. 명동에서 N서울타워까지 어떻게 갔어요?
3. N서울타워에서는 뭘 할 수 있어요?

나. 맞으면 O, 틀리면 X를 하십시오.

1. 지금은 방학 중입니다. (   )
2. 이리나 씨는 걸어서 N서울타워에 갔습니다. (   )
3. 이리나 씨는 N서울타워에 남자 친구와 같이 갔습니다. (   )

다. ______에 주의하면서 읽어 봅시다.

1. 명동에서 N서울타워까지 케이블카를 타고 갔어요.
2. 맛있는 음식을 먹고 야경도 볼 수 있었어요.

라. 읽은 내용을 가지고 대화를 만들어 봅시다.

압둘라 이리나 씨, 주말 잘 보냈어요?
이리나 네, 아주 재미있었어요.
압둘라 주말에 뭐 했어요?
이리나 ....
압둘라 누구하고 ....?
이리나 ....
압둘라 N서울타워에서 뭘 했어요?
이리나 ....

여러분도 서울에서 추천하고 싶은 장소가 있습니까? 친구들과 같이 이야기해 봅시다.

어휘와 표현

교환 학생　N서울타워　올라가다　빠르다

문화 Culture

한국의 한턱 문화 : "제가 살게요."

Korean Culture of "It's on me."

In Korea, you will often see people at the counter of a restaurant arguing over who will pay for the meal. Many foreigners may think that this is a real fight, but that is far from the truth. What is actually happening is that each person is insisting on paying for the meal to treat everyone else. As this is customary for Korean people who are used to a culture of collectivity, the Western custom of each paying for one's own meal is somewhat uncomfortable. However, you should be careful not to forget that even in this situation. There are certain rules that are followed that may not be obvious. For example, if a friend pays for a meal, it will be your turn to pay for the next outing. Or if a friend pays for movie tickets, after the show it is expected that you will pay for coffee. If you are already familiar with this system, you are already basically Korean!!

Let's try!

식사를 사 주는 친구에게 커피를 사겠다고 말해 보세요.

Let's say your friend had already paid for a meal. Practice telling your friend that you want to buy coffee.

가 **점심은 제가 살게요.** Lunch is on me.

나 ....

04과

은행에 가서 환전을 해야 해요

04과 은행에 가서 환전을 해야 해요

문법 1 -아/어/여서[2]

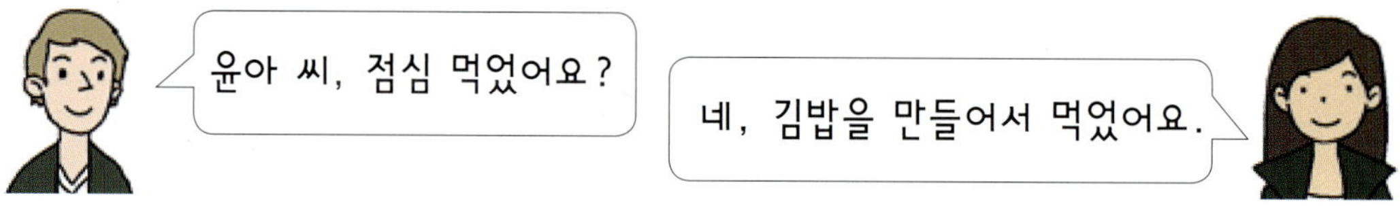

연습 1 다음과 같이 묻고 대답해 봅시다.

1. 가 주말에 뭐 했어요? (한강공원에 가다)
   나 한강공원에 가서 자전거를 탔어요.

2. 가 이 사과 씻었어요? (씻다)
   나 아니요, ... 먹어야 해요.

3. 가 이 고장 난 핸드폰 버릴 거예요? (고치다)
   나 아니요, ... 쓸 거예요.

4. 가 제프리 씨 졸업 선물로 뭘 할 거예요? (친구들하고 돈을 모으다)
   나 .... 넥타이를 사 줄 거예요.

5. 가 오늘 저한테 택배가 올 거예요. 그런데 수업이 있어서 받을 수 없어요. (제가 받다)
   나 걱정하지 마세요. .... 마키 씨 책상 위에 놓을게요.

6. 가 이 근처에 은행이 어디에 있어요? (길을 건너다)
   나 .... 오른쪽으로 가세요.

7. 가 성적증명서를 어떻게 받을 수 있어요? (사무실에 전화하다)
   나 저도 잘 모르겠어요. .... 물어보세요.

연습 2 다음과 같이 대화를 해 봅시다.

가 명동에서 국민대학교까지 어떻게 가요?
나 길음역에서 **내려서** 153번 버스로 갈아타세요 .
가 시간이 얼마나 걸려요?
나 30분쯤 걸려요.

1.	명동 → 국민대학교	길음역에서 내리다 - 153번 버스로 갈아타다 / 30분
2.	여기 → 동대문시장	동대문역에서 내리다 - 1번 출구로 나가다 / 25분
3.	학교 → 공항	길음역에서 내리다 - 공항버스로 갈아타다 / 1시간 30분
4.	여의나루역 → 63빌딩	여의나루역 3번 출구로 나가다 - 500m쯤 걸어가다 / 10분
5.	학교 →	.... / ....

연습 3 바트 씨의 주말 계획과 같이 여러분의 주말 계획을 말해 봅시다.

몇 시에 일어날 거예요? | 어디에 갈 거예요?
어디에 가서 뭐 먹을 거예요? | 몇 시에 집에 돌아올 거예요?

바트의 주말 계획

9시에 일어나다 → 커피를 마시다
영화관에 가다 → 공포 영화를 보다
이태원에 가다 → 인도 요리를 먹다
저녁 6시쯤 돌아오다 → 숙제를 하다

나의 주말 계획

.... → ....
.... → ....
.... → ....
.... → ....

저는 이번 토요일에 늦잠을 잘 거예요. 9시에 일어나서 커피를 마실 거예요. 그리고 영화관에 가서 공포 영화를 볼 거예요. 영화를 본 후에 이태원에 가서 제가 좋아하는 인도 요리를 먹을 거예요. 그리고 저녁 6시쯤 집에 돌아와서 숙제를 할 거예요. 토요일에 기분이 아주 좋을 거예요.

문법 2 -(으)ㄴ[2]

연습 1 다음과 같이 묻고 대답해 봅시다.

1. 가 어제 본 영화가 어땠어요? (보다)
   나 정말 재미있었어요.

2. 가 어제 .... 문법이 어려웠어요? (배우다)
   나 네, 조금 어려웠어요.

3. 가 지금 어디에 가요? (사다)
   나 백화점에 가요. 지난주에 .... 치마가 마음에 안 들어서요.

4. 가 오늘 점심에는 뭘 먹을까요? (먹다)
   나 지난주에 .... 불고기 어때요? 정말 맛있었어요.

5. 가 어제 .... 옷이 정말 예뻤어요. (입다)
   나 그래요? 고마워요.

6. 가 이 케이크 정말 맛있어요. 어디에서 샀어요? (만들다)
   나 사지 않았어요. 제가 .... 거예요.

7. 가 어제 수업시간에 .... 노래 이름을 알아요? (듣다)
   나 잊어버렸어요. 선생님한테 물어보세요.

연습 2 다음과 같이 대화를 해 봅시다.

가 어제 책을 **읽은** 사람이 누구예요?
나 마키 씨예요.
가 그럼 아르바이트를 한 사람은 누구예요?
⋮

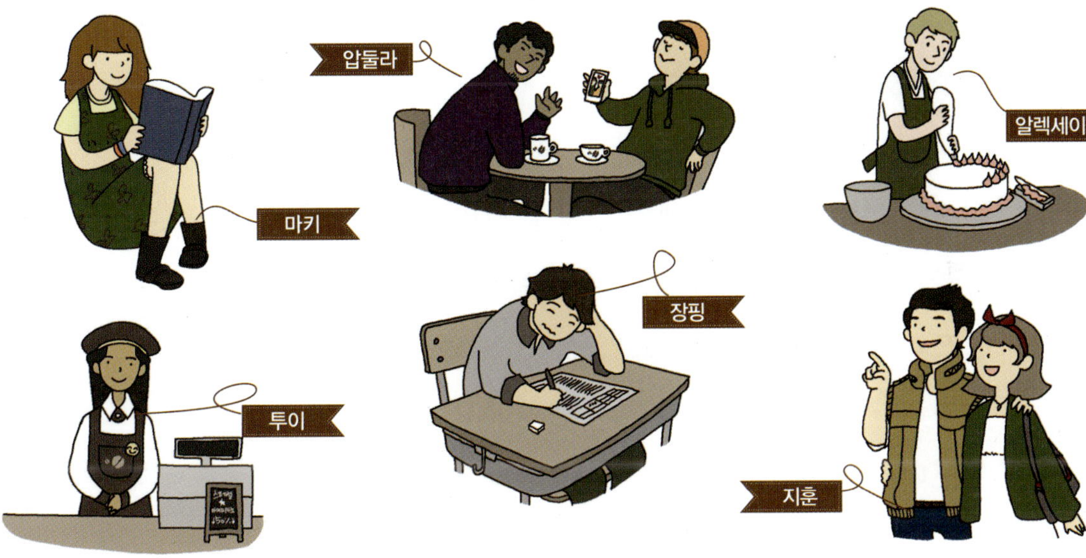

연습 3 우리 반 친구들 중에서 다음 질문에 해당하는 사람을 찾아봅시다.

- 중국에서 온 사람이 누구예요?
- 아침에 커피를 마신 사람이 누구예요?
- 모자를 쓴 사람이 누구예요?
- 누가 안경을 썼어요?
- 누가 운동화를 신었어요?
- 누가 화장을 했어요?

누가 운동화를 신었어요?

운동화를 신은 사람은 .... 씨예요.

대화 1

07

압둘라 왕쯔이 씨, 오늘 수업 끝난 다음에 뭐 할 거예요?

왕쯔이 알렉세이 씨 생일 선물을 사러 갈 거예요.

압둘라 그래요? 저도 아직 선물을 안 샀어요.

왕쯔이 그럼 같이 갈까요?

압둘라 좋아요. 그런데 먼저 은행에 가서 환전을 해야 해요.

왕쯔이 알았어요. 이따가 수업 끝나고 연락해요.

확인해 봅시다.

☐ 오늘 왕쯔이 씨는 뭐 할 거예요?

☐ 압둘라 씨는 수업이 끝나고 무엇을 할 거예요?

다음 표현을 사용해서 위와 같이 대화를 만들어 봅시다.

알렉세이 씨 생일 선물을 사다	은행에 가다 / 환전을 하다	연락하다
영화 나나랜드를 보다	홈페이지에 들어가다 / 예매하다	같이 예매하다
발표 준비를 하다	도서관에 가다 / 책을 찾다	같이 가다

대화 2

08

마키 제프리 씨, 오늘 수업에 왜 늦었어요?

제프리 갑자기 배가 아팠어요.

마키 음식을 잘못 먹었어요?

제프리 모르겠어요. 그런데 아침에 먹은 떡볶이가 너무 매웠어요.

마키 아침부터 떡볶이를 먹었어요?

제프리 네, 제가 제일 좋아하는 음식이 떡볶이예요.

마키 지금은 어때요?

제프리 괜찮아졌어요. 집에 가서 또 떡볶이를 먹을 거예요.

확인해 봅시다.

☐ 제프리 씨는 오늘 수업에 왜 늦었어요?

☐ 제프리 씨는 왜 배가 아팠어요?

친구들과 위와 같이 이야기해 봅시다.

해 봅시다!

왕쯔이 씨의 친구는 누구일까요?

1) 바지를 입은 사람이에요.
2) 중국에서 온 사람이에요.
3) 안경을 쓰지 않은 사람이에요.
4) 모자를 안 쓴 사람이에요.

여러분이 생각하는 사람을 친구에게 설명해 봅시다.

이 사람은

1)
2)
3)
4)

문법 설명

-아/어/여서²

Attached after a verb stem of the preceding clause and connects with the following clause according to the time sequence. It is used when the preceding clause is the method or means of the action described in the following clause. If the last syllable of the verb stem has 'ㅏ' or 'ㅗ', '-아서' should be used, but if the last syllable has other vowels, '-어서' should be used. Lastly, if '-아/어/여서' is combined with '하다', '하여서(→해서)' should be used. It cannot be used with a tense marker and the subject of the preceding and following clauses should be same.

- 친구를 **만나서** 같이 쇼핑을 했어요.
- 사과를 **깎아서** 드세요.
- 주말에 **출근해서** 일을 끝낼 거예요.

-(으)ㄴ²

Attached after a verb to modify a noun and expresses that the event or action being described has already happened in the past or that the event is completed but that the completed state is still being maintained. If the last syllable of the stem ends with a consonant, '-은' is attached, but when the last syllable ends with a vowel, '-ㄴ' is attached. If the last syllable ends with 'ㄹ', this 'ㄹ' should be deleted and '-ㄴ' is attached.

- 저는 미국에서 **온** 마이클입니다.
- 제 생일에 **찍은** 사진이에요.
- 어제 **만든** 케이크를 친구에게 선물했어요.

어휘와 표현

환전	버리다	물어보다	문법	또
한강공원	(컴퓨터를)쓰다	동대문역	(모자를)쓰다	
졸업	걱정하다	여의나루역	신다	
모으다	놓다	이태원	홈페이지	
넥타이	성적증명서	인도	잘못	

MEMO

05과

한국 사람하고 이야기할 때 아직도 힘들어요

05과 한국 사람하고 이야기할 때 아직도 힘들어요

문법 1 못

연습 1 다음과 같이 묻고 대답해 봅시다.

1. 가 어제 영화 어땠어요? (보다)
   나 일이 늦게 끝나서 영화를 못 봤어요.

2. 가 점심에 칼국수를 먹을까요? (만들다)
   나 오늘은 재료가 없어서 ....

3. 가 김치찌개를 잘 안 드세요? (먹다)
   나 먹고 싶지만 너무 매워서 ....

4. 가 그 책 읽었어요? (읽다)
   나 아니요, 시간이 없어서 ....

5. 가 지금 출발할까요? (출발하다)
   나 카오루 씨가 아직 안 와서 ....

6. 가 기숙사에 세탁기가 있어요? (사용하다)
   나 네, 그런데 지금은 고장이 나서 ....

7. 가 넥타이 맬 수 있어요? 좀 도와주세요. (매다)
   나 미안해요. 저도 잘 ....

연습 2 다음과 같이 대화를 해 봅시다.

가 방학 때 고향에 갔다 왔어요?
나 아니요, 못 갔다 왔어요.
가 왜 못 갔다 왔어요?
나 아르바이트를 해서요.

1. 방학 때 고향에 갔다 오다 / 아르바이트를 하다
2. 사무실에 연락하다 / 전화번호를 모르다
3. 비자를 연장하다 / 여권을 잃어버리다
4. 아침을 먹다 / 배탈이 나다
5. 숙제를 하다 / ....
6. 오늘 일찍 일어나다 / ....

연습 3 우리 반에서 누가 다음과 같은 일을 잘합니까? 친구들과 묻고 대답해 봅시다.

스키 | 태권도 | 요리 | |

전혀 못 .... → 잘 못 .... → 보통이에요 → 잘 .... → 아주 잘 ......

이름	스키	태권도	요리		
마키	전혀 못 타요	전혀 못해요	아주 잘해요		

문법 2 -(으)ㄹ 때

연습 1 다음과 같이 묻고 대답해 봅시다.

1. 가 지금 간식을 먹을 거예요? (배가 고프다)
   나 지금 배가 안 고파요. 이따가 배가 고플 때 먹을 거예요.

2. 가 모자가 참 예뻐요. 새로 샀어요? (여행을 가다)
   나 네, ... 쓰려고 해요.

3. 가 축제 때 한복을 입어야 해요. 도와줄 수 있어요? (입다)
   나 네, ... 제가 도와줄게요.

4. 가 야채를 많이 샀어요. (잡채를 만들다)
   나 네, ... 필요해서 샀어요.

5. 가 .... 교통카드를 사용할 수 있어요? (택시를 타다)
   나 네, 택시에서도 사용할 수 있어요.

6. 가 언제 피아노를 배웠어요? (어렸다)
   나 ....

7. 가 투이 씨를 언제 처음 만났어요? (제가 한국에 왔다)
   나 ....

연습 2 다음과 같이 대화를 해 봅시다.

가 언제 노래방에 가요?
나 **회식할 때** 노래방에 가요.
가 무슨 노래를 자주 불러요?
나 한국 노래를 자주 불러요 .

1. 노래방에 가다 / 회식하다 / 무슨 노래를 자주 부르다 / 한국 노래를 자주 부르다
2. 부모님이 보고 싶다 / 아프다 / 그럼 어떻게 하다 / 부모님께 전화하다
3. 고향 친구가 생각나다 / 외롭다 / 친구를 만나면 무엇을 하고 싶다 / ....
4. 여행을 가다 / 스트레스가 많다 / 어디가 제일 좋았다 / ....
5. 이 약을 먹다 / 감기에 걸렸다 / 하루에 몇 번 먹다 / ....
6. 가장 행복했다 / 제 아이가 태어났다 / 아이는 지금 몇 살이다 / ....

연습 3 여러분 나라의 문화에 대해 다음과 같이 이야기해 봅시다.

사진을 찍을 때 | 집에 들어갈 때
식사할 때 |

가 한국 사람들은 사진을 찍을 때 '김치~'라고 말해요.
.... 씨 나라에서는 어떻게 말해요?
나 우리 나라에서는 '치즈~'라고 해요.
가 그래요? .... 씨 나라에서도 집에 들어갈 때 신발을 벗어요?
나 아니요, 신발을 벗지 않아요.
⋮

대화 1

09

직원	어떻게 오셨어요?
압둘라	학생증을 잃어버려서 다시 만들려고 하는데요.
직원	여기 신청서를 써 주세요. 사진을 가지고 오셨어요?
압둘라	아니요, 사진이 없는데요. 그럼 학생증을 못 만들어요?
직원	네, 사진이 꼭 필요해요.
압둘라	알겠습니다. 내일 다시 올게요.

확인해 봅시다.

- ☐ 압둘라 씨는 왜 사무실에 왔어요?
- ☐ 압둘라 씨는 왜 학생증을 만들 수 없어요?

다음 표현을 사용해서 위와 같이 대화를 만들어 봅시다.

학교 사무실	학생증	사진
출입국관리사무소	외국인 등록증	여권
은행	통장	신분증

대화 2

10

윤아　간토야 씨, 언제부터 한국어를 배웠어요?

간토야　세 달 전부터 배우기 시작했어요.

윤아　그런데 이렇게 한국어를 잘해요?

간토야　아니에요. 한국 사람하고 이야기할 때 아직도 힘들어요.
말이 빨라서 이해를 잘 못해요.

윤아　한국 사람들과 자주 이야기해요?

간토야　네, 동아리에 있는 친구들과 자주 만나요.

확인해 봅시다.

☐ 간토야 씨는 언제부터 한국어를 배웠어요?

☐ 간토야 씨는 한국 사람하고 이야기할 때 왜 힘들어요?

친구들과 위와 같이 이야기해 봅시다.

해 봅시다!

다음 달에 여러분은 고향에 가려고 합니다. 고향에 가기 전에 필요 없는 물건을 팔고 싶습니다. 아래의 글과 같이 팔고 싶은 물건을 설명해 보세요.

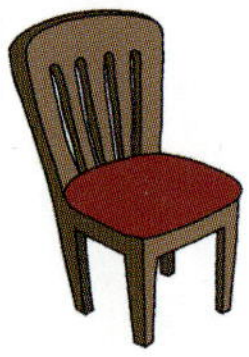 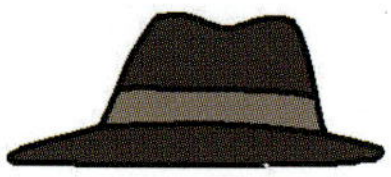   

여행 가방을 팝니다.

이 가방은 크지만 가벼워요. 여행을 갈 때 짐을 많이 넣을 수 있어서 좋아요. 그리고 주머니가 많아서 여기저기에 물건을 넣을 수 있어요. 저는 이제 짐이 너무 많아졌어요. 그래서 고향에 돌아갈 때는 더 큰 가방이 필요해요. 이 여행 가방을 사고 싶은 사람은 저한테 연락해 주세요.

☎ 전화번호 : 010-3456-7890

★ 희망 가격 : 3만 원

★ 9시부터 1시까지는 수업이 있어서 전화를 못 받아요. 1시 이후에 전화해 주세요.

팔고 싶은 물건 사진

☎ 전화번호 :

★ 희망 가격 :

★

문법 설명

못

Attached after a verb, '못' expresses that the subject does not have the ability to do a certain action, or the situation is not appropriate for doing the action.

- 저는 술을 **못 마셔요**.
- 어제 고향에서 친구가 와서 숙제를 **못 했어요**.
- 한국어를 몰라서 한국 신문을 **못 읽어요**.
- 내일 시험이 있어서 오늘은 **못 만나겠어요**.

-(으)ㄹ 때

Attached after a verb, adjective, or 'noun+이다', '-(으)ㄹ 때' expresses the time for the action or the state occurs. After a verb or an adjective stem ends with a consonant, '-을 때' is used, but when a verb or an adjective stem ends with a vowel, '-ㄹ 때' is used, and finally when a verb or an adjective stem ends with 'ㄹ', this 'ㄹ' should be deleted and '-ㄹ 때' is used.

	현재	과거
동사	**-(으)ㄹ 때**	**-았/었/였을 때**
	갈 때 먹을 때 놀 때	갔을 때 먹었을 때 놀았을 때
형용사	아플 때 적을 때	아팠을 때 적었을 때
명사	**-일 때**	**-이었/였을 때**
	학생일 때 친구일 때	학생이었을 때 친구였을 때

- 저는 학교에 **올 때** 버스를 타고 와요.
- 제주도에 **갔을 때** 비가 많이 왔어요.
- 머리가 **아플 때** 이 약을 드세요.
- 저는 초등학생**이었을 때** 키가 작았어요.

어휘와 표현

아직도	간식	외롭다	벗다	가볍다
세탁기	새로	스트레스	신청서	주머니
매다	한복	하루	출입국관리사무소	희망
갔다 오다	잡채	행복하다	통장	이후
연장하다	어리다	태어나다	신분증	
배탈	회식하다	치즈	이해하다	

MEMO

06과

예약을 못 하면 어떻게 하려고 해요?

06과 예약을 못 하면 어떻게 하려고 해요?

문법 1 -(으)ㄹ

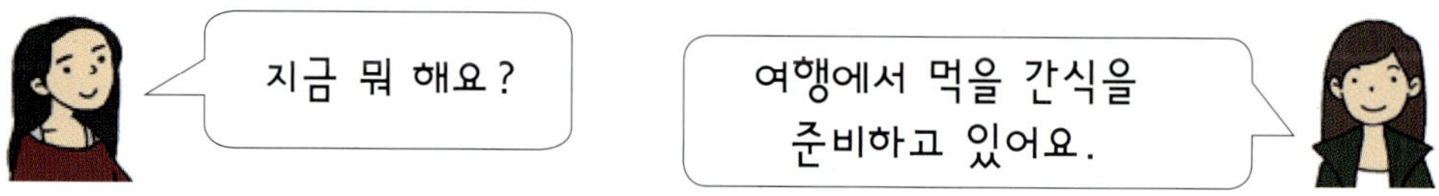

연습 1 다음과 같이 묻고 대답해 봅시다.

1. 가 이게 뭐예요? (쉬는 시간에 먹다)
   나 쉬는 시간에 먹을 간식이에요.

2. 가 이게 무슨 책이에요? (다음 학기에 공부하다)
   나 .... 책이에요.

3. 가 인터넷에서 뭘 찾고 있어요? (주말에 보다)
   나 .... 영화를 고르고 있어요.

4. 가 백화점에 뭘 사러 가요? (데이트할 때 입다)
   나 .... 옷을 사러 가요.

5. 가 오늘 만날 수 있어요? (하다)
   나 미안해요. 오늘은 .... 일이 많아서 못 만나요.

6. 가 주말에 외출할 거예요? (같이 놀다)
   나 아니요, 기숙사에 있을 거예요. .... 친구가 없어요.

7. 가 .... 노래를 고르고 있어요. (운전할 때 듣다)
   나 나인 노래가 어때요? 신나는 노래가 많아요.

연습 2

다음과 같이 대화를 해 봅시다.

1. 가 어제 어디에 갔어요?
   나 쇼핑하러 명동에 갔어요.
   가 명동에서 뭘 샀어요? (친구에게 주다)
   나 친구에게 줄 선물을 샀어요.

2. 가 아까 어디에 갔어요?
   나 은행에 갔어요.
   가 왜 은행에 갔어요? (여행 가서 쓰다)
   나 ………… 돈을 찾으러 갔어요.

3. 가 누구하고 같이 등산 가요?
   나 혼자 가요.
   가 왜 혼자 가요? (같이 가다)
   나 ………… 사람이 없어요.

4. 가 지금 뭐 해요? (부르다)
   나 친구 결혼식에서 ………… 노래를 연습해요.
   가 ………………………………?
   나 ……………………………….

연습 3

여러분은 다음 달에 고향에 돌아갑니다. 가족과 친구에게 줄 선물을 사려고 백화점에 왔습니다. 다음과 같이 친구와 이야기해 봅시다.

알렉세이 씨는 뭘 살 거예요?

동생이 신을 양말을 살 거예요.
카오루 씨는요?

저는 누나에게 줄 지갑을 사고 싶어요.

문법 2 -(으)면

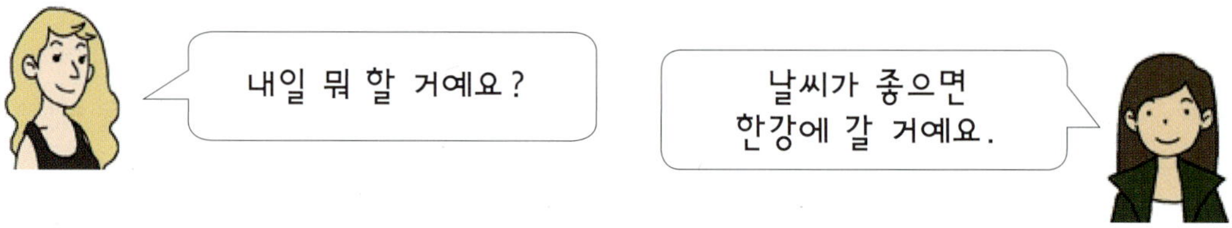

연습 1 다음과 같이 묻고 대답해 봅시다.

1. 가 내일 뭐 할 거예요? (날씨가 좋다)

   나 날씨가 좋으면 등산을 할 거예요.

2. 가 고향에서 하고 싶은 일이 뭐예요? (고향에 가다)

   나 ………… 엄마가 만든 음식을 먹고 싶어요.

3. 가 날씨가 많이 추워졌어요. 내일 뭐 할 거예요? (눈이 오다)

   나 ………… 친구하고 눈사람을 만들고 싶어요.

4. 가 ………… 뭐 할 거예요? (용돈을 받다)

   나 운동화를 살 거예요.

5. 가 창문을 좀 열까요? (창문을 열다)

   나 아니요, 밖에 사람이 많아서 ………… 시끄러워요.

6. 가 저녁을 많이 먹어서 너무 배가 불러요. (밖에 나가서 걷다)

   나 ………… 괜찮아져요.

연습 2

다음과 같이 대화를 해 봅시다.

가 잠깐 이야기할 수 있어요?
나 지금 바쁜데요.
가 바쁘면 이따가 얘기해요.
나 네, 미안해요.

1. 잠깐 이야기하다 / 지금 바쁘다 / 이따가 얘기하다
2. 같이 청소하다 / 약속이 있다 / 다음에 청소하다
3. 같이 도서관에 가다 / 머리가 아프다 / 나중에 가다
4. 같이 사진을 찍다 / 화장을 안 했다 / ....
5. 내일 파티 준비를 하다 / .... / ....
6. 이 책장을 같이 옮기다 / .... / ....

연습 3

다음과 같이 친구와 이야기해 봅시다.

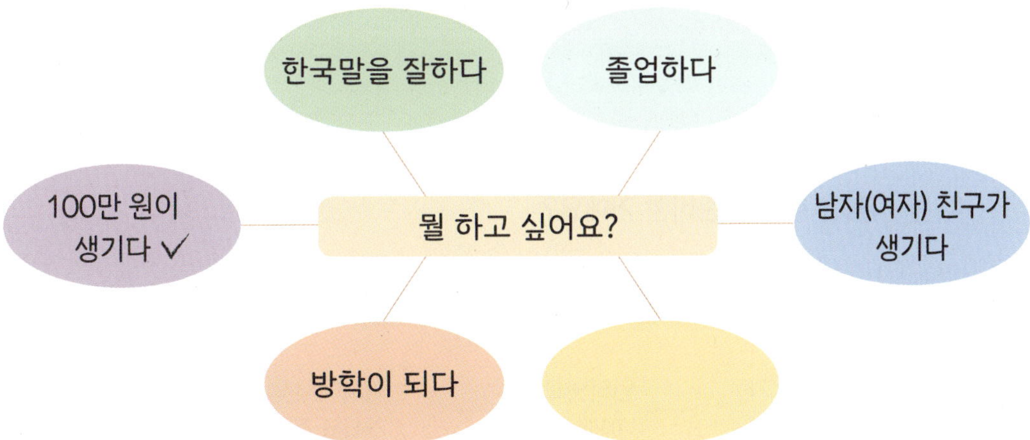

가 100만 원이 생기면 뭘 하고 싶어요?
나 저는 핸드폰을 사고 싶어요. .... 씨는요?
가 저는 ....
⋮

대화 1

11

윤아	투이 씨, 다음 주말에 전주에 갈까요?
투이	좋아요. 저도 전주를 여행하고 싶었어요. 그런데 어떻게 가요?
윤아	KTX가 빨라요. 제가 인터넷으로 예매할게요.
투이	고마워요. 그럼 저는 기차에서 먹을 간식을 준비할게요.
윤아	좋아요. 전주에 가서 뭘 하고 싶어요?
투이	한옥 마을을 구경하고 전주비빔밥도 먹고 싶어요.

확인해 봅시다.

□ 두 사람은 전주에 어떻게 갈 거예요?

□ 두 사람은 무엇을 준비할 거예요?

다음 표현을 사용해서 위와 같이 대화를 만들어 봅시다.

전주	KTX가 빠르다	인터넷으로 예매하다	기차에서 먹다 / 간식을 준비하다	한옥 마을을 구경하다 / 전주비빔밥
제주도	비행기가 편하다	비행기표를 예매하다	공항까지 가다 / 교통편을 알아보다	바다에서 수영하다 / 제주 흑돼지
춘천	기차가 있다	시간을 알아보다	춘천에서 먹다 / 닭갈비 가게를 찾아보다	호수 근처를 걷다 / 춘천 닭갈비

대화 2

12

왕쯔이	바트 씨, 언제 제주도에 가요? 비행기 표는 샀어요?
바트	이번 주말에 가요. 오늘 표를 사려고 해요.
왕쯔이	표가 없으면 어떻게 할 거예요?
바트	배를 타고 갈 거예요.
왕쯔이	제주도에서 잘 곳은 정했어요?
바트	아니요, 지금 인터넷에서 찾고 있어요.
왕쯔이	주말에는 예약하기 어려워요. 예약을 못 하면 어떻게 하려고 해요?
바트	걱정하지 마세요. 차에서 자는 것도 좋은 추억이에요.

확인해 봅시다.

□ 바트 씨는 제주도에 어떻게 갈 거예요?

□ 바트 씨는 제주도에서 어디에서 잘 거예요?

친구들과 위와 같이 이야기해 봅시다.

해 봅시다!

마키 씨는 부산으로 여행을 가려고 합니다. 마키 씨의 여행 일정과 같이 여러분의 여행 일정표를 완성하고 이야기해 봅시다.

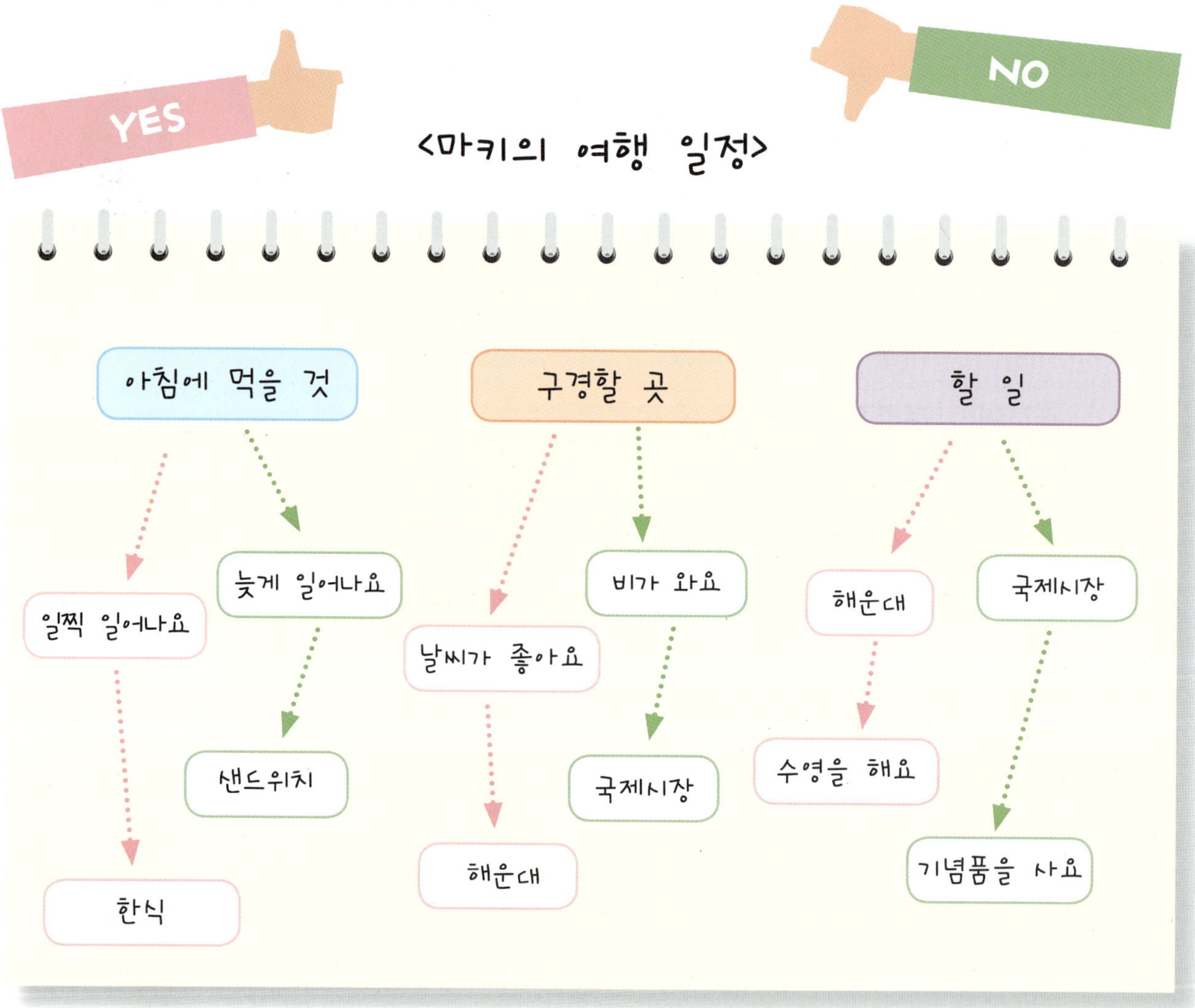

저는 방학을 하면 간토야 씨하고 같이 부산에 갈 거예요.
아침에 일찍 일어나면 식당에 가서 한국 음식을 먹을 거예요.
그렇지만 늦게 일어나면…

문법 설명

-(으)ㄹ

Attached after a verb and '있다' or '없다' to modify the following noun and to indicate that the event or action being described has not been fixed but rather depicts a guess, presupposition, willingness, or possibility. If the verb stem ends with a consonant, '-을' is used, if the verb stem ends with a vowel, '-ㄹ' is used, and if the verb stem ends with a consonant 'ㄹ', 'ㄹ' should be deleted and '-ㄹ' is used.

- 집에 **먹을** 것이 없어요.
- 오늘은 **할** 일이 많아요.
- 아직 **살** 곳을 정하지 못했어요.

-(으)면

Attached after a verb stem, an adjective or a 'noun+이다' and expresses meaning of condition or presupposition. If the stem ends with a consonant, '-으면' is attached, but if the stem ends with a vowel or 'ㄹ', '-면' is attached.

- 비가 **오면** 그 사람이 생각나요.
- 돼지고기를 **먹으면** 배가 아파요.
- 날씨가 **좋으면** 한강에 갈 거예요.
- 전화번호를 **알면** 좀 알려 주세요.
- 외국인**이면** 여권을 보여 주세요.

어휘와 표현

외출하다	얘기하다	생기다	교통편	호수	추억
신나다	나중	되다	흑돼지	닭갈비	
(돈을)쓰다	책장	기차	춘천	찾아보다	
결혼식	옮기다	전주비빔밥	알아보다	정하다	

MEMO

읽기

3. 친구한테 전화를 해서 약속을 취소했어요

4. 저는 고기를 못 먹습니다

읽기 3 친구한테 전화를 해서 약속을 취소했어요

여러분은 다른 일이 생겨서 약속을 바꾼 적이 있습니까?

읽어 봅시다.

마키 씨는 요즘 사고 싶은 것이 많이 있습니다. 옷, 화장품, 구두를 사고 싶습니다. 그래서 마키 씨는 주말에 간토야 씨와 명동에서 같이 쇼핑을 하기로 했습니다.

그런데 갑자기 고향에 있는 친구한테서 전화가 왔습니다. 그 친구는 토요일에 서울에 올 겁니다. 그런데 친구가 한국말을 전혀 몰라서 마키 씨가 서울을 안내해야 합니다. 마키 씨는 간토야 씨에게 미안했지만 전화를 해서 약속을 취소했습니다. 그리고 마키 씨는 주말에 친구하고 놀 계획을 세웠습니다. 같이 구경할 곳을 알아보고 맛있는 한국 식당도 예약했습니다.

드디어 토요일이 되었습니다. 마키 씨는 공항에 가서 친구를 기다렸습니다. 그런데 친구가 오지 않았습니다. 도착 시간이 4시간이 지났지만 친구는 나타나지 않았습니다.

가. 이야기해 봅시다.

1. 마키 씨는 왜 주말에 명동에 가려고 했습니까?
2. 마키 씨는 왜 간토야 씨에게 전화했습니까?
3. 마키 씨는 왜 공항에 갔습니까?
4. 지금 마키 씨의 기분은 어떨까요?

나. 맞으면 O, 틀리면 X를 하십시오.

1. 마키 씨는 지난 주말에 간토야 씨와 명동에서 쇼핑을 했습니다. (　　)
2. 마키 씨 친구는 한국어를 못 합니다. (　　)
3. 마키 씨는 간토야 씨와 같이 공항에 갔습니다. (　　)

다. ______에 주의하면서 읽어 봅시다.

1. 갑자기 고향에 있는 친구한테서 전화가 왔습니다.
2. 그 친구는 한국말을 전혀 몰라서 마키 씨가 서울을 안내해야 합니다.
3. 주말에 친구하고 놀 계획을 세웠습니다.
4. 같이 구경할 곳을 찾아보고 맛있는 한국 식당도 예약했습니다.

라. 읽은 내용을 가지고 간토야 씨에게 전화를 걸어서 약속을 취소하는 대화를 만들어 봅시다.

간토야 여보세요.
마키 ______________________________.
간토야 왜요? 무슨 일이 있어요?
마키 ______________________________.
간토야 그래요? 친구와 같이 뭐 할 거예요?
마키 ______________________________.
간토야 알겠어요.

마키 씨는 공항에서 고향 친구를 만났을까요? 다음 이야기를 상상해서 말해 봅시다.

어휘와 표현

취소하다 갑자기 안내하다 세우다 드디어 지나다 나타나다

읽기 4 저는 고기를 못 먹습니다

- 여러분은 언제 학교 사무실에 갑니까?

- 읽어 봅시다.

제목	사무실에 베트남어를 하는 사람이 있으면 좋겠습니다.	글쓴이	투안
날짜	2000.00.00	조회수	82

안녕하세요? 저는 국민대학교에서 한국어를 배우고 있는 베트남 유학생입니다.
저는 한국어를 잘 몰라서 한국 사람과 이야기할 때 힘듭니다.
며칠 전에 학생증을 만들러 사무실에 갔습니다. 사무실 직원이 필요한 것을 이야기해 주셨습니다.
그런데 저는 그 말을 잘 이해하지 못했습니다. 그래서 그분이 영어로 말해 주셨지만
저는 영어도 잘 못해서 답답했습니다.
사무실에 중국어나 일본어를 할 수 있는 사람은 있지만 베트남어를 할 수 있는 사람이 없어서 불편합니다. 한국어를 배우는 베트남 학생들이 점점 많아지고 있습니다. 사무실에 베트남어를 할 수 있는 사람이 있으면 좋겠습니다.

제목	학생 식당에서 음식을 고를 때 불편합니다.	글쓴이	안나
날짜	2000.00.00	조회수	108

저는 러시아에서 온 교환학생입니다.
저는 기숙사에 살아서 학생 식당에 자주 갑니다.
학생 식당 음식은 싸고 맛있습니다. 그러나 음식을 고를 때 이름만 있어서 재료를 알 수 없습니다. 저는 고기를 못 먹습니다. 그런데 메뉴를 보면 고기가 안 들어간 음식을 고를 수 없습니다. 재료에 대한 설명이 있으면 좋겠습니다. 그리고 고기를 안 먹는 사람을 위해서 고기가 없는 음식도 많이 나오면 좋겠습니다.

가. 이야기해 봅시다.

1. 투안 씨는 사무실에서 무엇이 불편했습니까?
2. 투안 씨는 사무실에 무엇을 부탁했습니까?

3. 안나 씨는 어디에서 자주 식사를 합니까?
4. 안나 씨는 식당에 무엇을 부탁했습니까?

나. 맞으면 O, 틀리면 X를 하십시오.

1. 투안 씨는 한국어를 잘 몰라서 학생증을 만들 때 불편했습니다. (　　)
2. 학교 사무실 선생님이 영어를 잘 못합니다. (　　)
3. 학생 식당에는 고기가 없는 음식이 많습니다. (　　)

다. ______에 주의하면서 읽어 봅시다.

1. 저는 영어도 잘 못해서 답답했습니다.
2. 저는 고기를 못 먹습니다.
3. 고기가 없는 음식도 많이 나오면 좋겠습니다.

라. 읽은 내용을 가지고 대화를 만들어 봅시다.

투안　여보세요.
안나　투안 씨, 저 안나예요.
투안　안나 씨, 잘 지냈어요? 학교생활은 어때요?
안나　..
투안　왜 힘들어요?
안나　..
투안　저도 사실 좀 힘들어요.
안나　..?
투안　..
안나　..

여러분은 학교 사무실에 부탁하고 싶은 것이 있습니까?

어휘와 표현

베트남어　유학생　직원　답답하다　점점　고르다
설명　사실　에 대한

문화 Culture

주민 센터 문화 프로그램

Culture Programs in Community Service Centers

A community service center is a place that is in charge of administrative and civil affairs for the community people. Recently, however, community service centers offer classes for various hobbies such as yoga, dance, musical instruments, singing, cooking, and exercises. Community service center classes are offered at an reasonable price, so they are perfect for people who want to start a new hobby.

Community service center classes are open to foreigners or people from out of the community. However, when there are too many applicants, people of the relevant community have priority. Community service centers in each area recruit students monthly, or once in three months at a first come first serve base, so it would be good to check their recruiting schedules in advance.

People who are interested in participating in the classes can get information from the homepage. If you are living in Seoul, you can get information from a smart phone application 'City of Seoul Community Center Classes'.

Let's try!

- 집 근처에 있는 주민 센터에 어떤 문화 프로그램이 있는지 찾아봅시다.
  Let's find what kind of cultural programs are offered by your community center.
- 인터넷이나 스마트폰 애플리케이션을 통해 다른 지역의 주민 센터 문화 프로그램을 알아봅시다.
  Using the Internet or smartphone applications, find cultural center programs offered by community centers in other areas.

07과

청소는 다 했는데 요리는 아직 못 했어요

07과 청소는 다 했는데 요리는 아직 못 했어요

문법 1 -(으)ㄹ까요?[2] -(으)ㄹ 거예요[2]

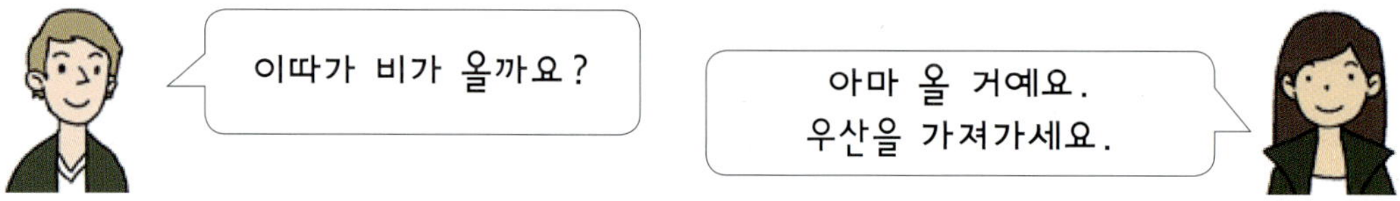

연습 1 다음과 같이 묻고 대답해 봅시다.

1. 가 내일 산에 가려고 해요. 날씨가 어떨까요 ? (어떻다)
   나 아마 내일도 맑을 거예요 . (맑다)

2. 가 오늘 밤에 파티를 하려고 해요. 친구들이 .... ? (많이 오다)
   나 글쎄요, 내일부터 시험이어서 .... (시간이 없다)

3. 가 지금 압둘라 씨한테 전화하면 .... ? (너무 늦다)
   나 압둘라 씨는 항상 늦게 자요. .... (괜찮다)

4. 가 한국 요리를 배우고 싶어요. .... ? (어렵다)
   나 글쎄요, 한국어를 못하면 .... (힘들다)

5. 가 투이 씨 생일 선물로 이 목걸이를 샀어요. 투이 씨 .... ? (마음에 들다)
   나 네, 투이 씨가 .... (좋아하다)

6. 가 마키 씨가 아직 안 왔어요. 마키 씨가 .... ? (집에서 출발했다)
   나 네, ... (지금 오고 있다)

7. 가 오늘 아침에 장핑 씨가 고향에 갔어요. 고향에 .... ? (잘 도착했다)
   나 네, ... (지금쯤 가족들과 만났다)

연습 2

다음과 같이 대화를 해 봅시다.

가 한복을 사려고 해요. 백화점에서 사면 **비쌀까요?**
나 네, **비쌀 거예요.**
가 그럼 동대문시장에서 사면 어떨까요?
나 백화점보다 쌀 거예요 .

1. 한복을 사다 – 백화점에서 사면 비싸다 / 동대문시장에서 사다
2. 케이팝 댄스를 배우다 – 동영상을 보고 연습하면 어렵다 / 학원에서 배우다
3. 토요일에 춘천에 가다 – 오후에 가면 길이 막히다 / 아침 일찍 출발하다
4. 주말에 부산에 가다 – 고속버스로 가면 오래 걸리다 / KTX로 가다
5. 원룸으로 이사하다 – 혼자 살면 외롭다 / 친구하고 살다
6. 시험 때 도서관에서 공부하다 – 도서관에 사람이 많다 / .... 에서 공부하다

연습 3

**고향에 있는 가족과 친구들은 지금 무엇을 할까요?
다음과 같이 친구와 이야기해 봅시다.**

.... 은/는 지금
뭐 하고 있을까요?

누가 .... 씨를 제일
보고 싶어 할까요?

누가 한국에
오고 싶어 할까요?

.... 이/가 한국에 오면
어디에 가고 싶어 할까요?

알렉세이 씨 가족들은
지금 뭐 하고 있을까요?

아마 저녁을 먹고 있을 거예요.

누가 알렉세이 씨를
제일 보고 싶어 할까요?

문법 2 -는데

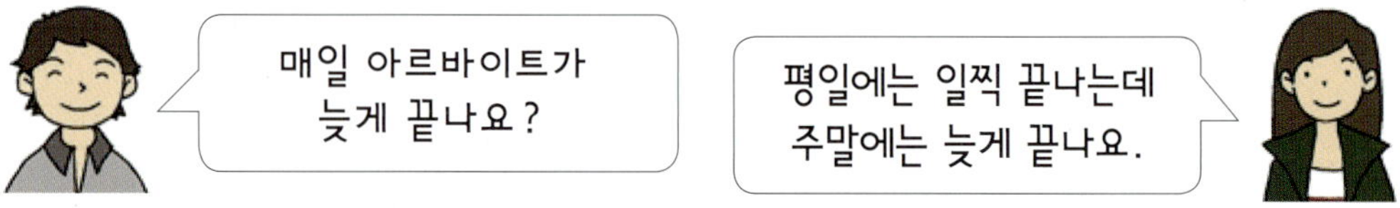

연습 1 다음과 같이 묻고 대답해 봅시다.

1. 가 투이 씨와 투이 씨 동생은 많이 닮았어요? (얼굴은 닮았다)
   나 얼굴은 닮았는데 성격은 아주 달라요.

2. 가 이 운동화 어때요? (디자인은 예쁘다)
   나 .... 색깔이 마음에 안 들어요.

3. 가 풀 좀 빌려 주세요. (테이프는 있다)
   나 .... 풀은 없어요.

4. 가 카오루 씨도 학교 근처에서 살아요? (저는 학교 근처에서 살다)
   나 .... 카오루 씨는 광화문 근처에서 살아요.

5. 가 갑자기 날씨가 추워졌어요. (지난주까지는 안 추웠다)
   나 네, ... 이번 주는 정말 추워요.

6. 가 시험 준비는 끝났어요? (다른 과목은 모두 공부했다)
   나 .... 말하기 시험은 아직 준비를 못 했어요.

7. 가 기숙사 친구들이 모두 베트남 사람이에요? (세 명은 베트남 사람이다)
   나 .... 한 명은 인도네시아 사람이에요.

연습 2 다음과 같이 대화를 해 봅시다.

가 제프리 씨하고 친해요?
나 네, 아주 친해요.
가 제프리 씨도 운동을 좋아해요?
나 아니요, 저는 운동을 **좋아하는데** 제프리 씨는 산책을 좋아해요 .

1. 운동을 좋아하다 / 산책
2. 매운 음식을 좋아하다 / 단 음식
3. 코미디 영화를 즐겨 보다 / 공포 영화
4. 성격이 활발하다 / 조용하다
5. 캐나다 사람이다 / 미국 사람
6. 기숙사에서 살다 / ……………………
7. 작년에 한국에 왔다 / ……………………

연습 3 이 사람들은 나와 무엇이 다릅니까? 친구와 같이 이야기해 봅시다.

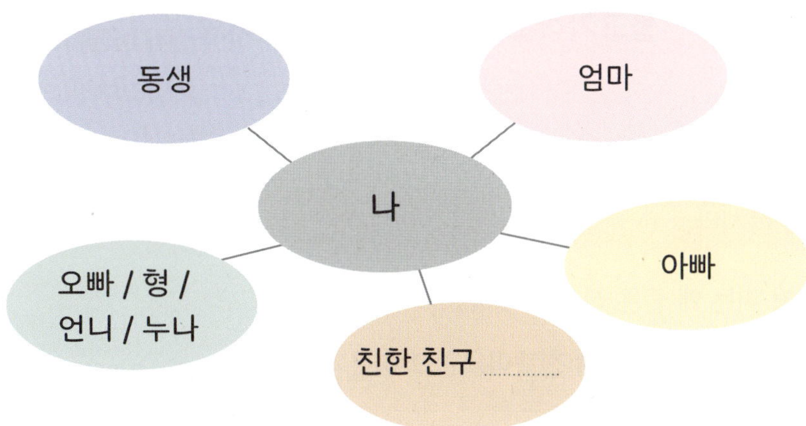

저는 동생이 한 명 있어요. 제 동생하고 저는 많이 달라요. 동생은 키가 큰데 저는 키가 작아요. 그리고 제 동생은 공부하는 것을 좋아하는데 저는 공부하는 것을 싫어해요.
⋮

대화 1

13

마키	제 친구가 한국에 와서 같이 식사를 하려고 해요. 어디에 가면 좋을까요?
제프리	서울의 향 어때요? 거기 분위기도 좋고 음식도 맛있어요.
마키	제 친구가 좋아할까요?
제프리	외국 사람들이 많이 가는 곳이라서 친구도 좋아할 거예요.
마키	그래요? 추천하고 싶은 음식이 뭐예요?
제프리	불고기하고 냉면이 아주 맛있어요.

확인해 봅시다.

- ☐ 마키 씨는 왜 좋은 식당을 찾아요?
- ☐ 제프리 씨는 어디를 추천했어요? 그 이유가 뭐예요?

친구들과 함께 위와 같이 이야기해 봅시다.

대화 2

14

장핑	이리나 씨, 파티 준비는 다 끝났어요?
이리나	아니요, 청소는 다 했는데 요리는 아직 못 했어요.
장핑	무슨 음식을 만들려고 해요?
이리나	불고기하고 러시아 음식을 만들 거예요.
장핑	혼자 하면 힘들 거예요. 제가 가서 도와줄게요.
이리나	정말요? 고마워요.

확인해 봅시다.

☐ 이리나 씨는 파티 준비가 다 끝났어요?

☐ 장핑 씨는 왜 이리나 씨를 도와주려고 해요?

다음 표현을 사용해서 위와 같이 대화를 만들어 봅시다.

파티 준비	청소 / 요리	무슨 음식을 만들려고 하다	불고기 / 러시아 음식
이사	청소 / 정리	무엇을 정리해야 하다	책 / 옷
청소	방 / 다른 곳	어디를 청소해야 하다	거실 / 화장실

해 봅시다!

다음은 여러분이 해야 할 일들입니다. 아직 못 한 일을 확인한 후에 친구에게 부탁해 봅시다.

파티 준비

쓰레기 버리기

- 음식 쓰레기 (○)
- 재활용 쓰레기 (×)

청소

- 방 청소 (○)
- 화장실 청소 (×)
- 창문 닦기 (×)

음식 준비

- 음료수 (○)
- 케이크 (○)
- 과일 (×)

이사 준비

이사 준비

- 이삿짐센터 예약 (○)
- 도와줄 친구들에게 연락 (×)

짐 정리

- 필요 없는 물건 버리기 (○)
- 이삿짐 싸기 (×)

필요한 물건 사기

- 가구(침대, 책상) (○)
- 컵과 그릇 (×)

가 아직 파티 준비가 안 끝났어요. 어떻게 해요?
나 제가 도와줄게요. 쓰레기는 다 버렸어요?
가 아니요, 음식 쓰레기는 버렸는데 재활용 쓰레기는 안 버렸어요.
나 그럼 제가 버릴게요. 또 제가 뭘 도와줄까요? 청소는 다 했어요?
⋮

문법 설명

-(으)ㄹ까요?²

Attached after a verb, an adjective or a 'noun+이다', this ending expresses the speaker's suspicion or doubt. If a verb or an adjective ends with a consonant, '-을까요?' is attached, but if a verb or an adjective ends with a vowel, '-ㄹ까요?' is attached. If a verb or an adjective ends with a consonant 'ㄹ', 'ㄹ' should be deleted and '-ㄹ까요?' is used.

- 내일 비가 **올까요**?
- 그 사람이 시험에 **합격했을까요**?
- 내일 날씨가 **좋을까요**?
- 밤에도 그 가게가 문을 **열까요**?

-(으)ㄹ 거예요²

Attached after a verb, an adjective, or 'noun+이다', '-(으)ㄹ 거예요' expresses the speaker's assumption. If a verb or an adjective ends with a consonant, '-을 거예요' is attached, but if a verb or an adjective ends with a vowel, '-ㄹ 거예요' is attached. If a verb or an adjective ends with a consonant 'ㄹ', 'ㄹ' should be deleted and '-ㄹ 거예요' is used.

- 압둘라 씨는 식당에서 밥을 **먹을 거예요**.
- 청바지에 흰 티셔츠를 입으면 **예쁠 거예요**.
- 간토야 씨 집이 아마 **멀 거예요**.
- 장핑 씨는 어제 중국에 **갔을 거예요**.

-는데

Attached after a verb, an adjective, or 'noun+이다', '-는데' expresses that there is a contrast in meaning or the consequence is different from an expectation. After a verb stem, '-는데' should be used. If the last syllable of an adjective has the syllable final consonant, '-은데' should be used, and if the last syllable ends with a vowel, '-ㄴ데' is used. If the last syllable ends with 'ㄹ', this 'ㄹ' should be deleted and '-는데(verbs)/ㄴ데(adjectives)' is used. In the case of 'noun+이다' and 'noun+이/가 아니다', 'noun+인데' and 'noun+이/가 아닌데' can be used, and '있다/없다' can be used as a form of '있는데/없는데'. It also can be used with a tense marker.

- 떡볶이는 잘 **먹는데** 김치는 못 먹어요.
- 카오루는 기숙사에 **사는데** 마키는 원룸에 살아요.
- 아빠는 부자**인데** 아들은 부자가 아니에요.
- 오빠는 키가 **큰데** 저는 키가 작아요.
- 공책은 **있는데** 볼펜은 없어요.
- 작년에는 한국어를 **못했는데** 지금은 잘해요.

어휘와 표현

아마	마음에 들다	디자인	분위기	이삿짐센터
맑다	동영상	광화문	추천하다	이삿짐
글쎄요	연습하다	과목	거실	(짐을)싸다
늦다	오래	인도네시아	정리하다	가구
항상	얼굴	즐겨 보다	쓰레기	
목걸이	성격	활발하다	재활용	

MEMO

08과

쭉 가다가 사거리에서 왼쪽으로 돌아가세요

08과 쭉 가다가 사거리에서 왼쪽으로 돌아가세요

문법 1 -다가

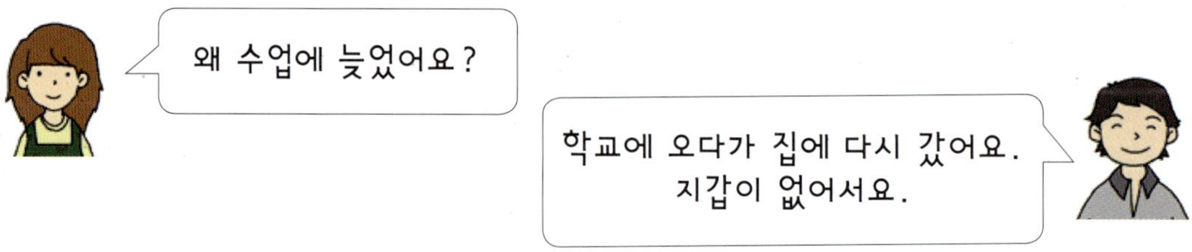

연습 1 다음과 같이 묻고 대답해 봅시다.

1. 가 숙제를 다 했어요? (숙제하다 - 자다)
   나 아니요, 아직 못 끝냈어요. 어제 숙제하다가 잤어요.

2. 가 어제 공부를 많이 했어요? (공부하다 - TV를 보다)
   나 아니요, 많이 못 했어요. ....

3. 가 어제 만든 음식은 다 먹었어요? (먹다 - 버리다)
   나 맛이 이상해서 ....

4. 가 어제 산에 잘 갔다 왔어요? (올라가다 - 내려오다)
   나 네, 그런데 비가 와서 ....

5. 가 지난주에 본 영화가 재미있었어요? (보다 - 나오다)
   나 아니요, 재미없어서 ....

6. 가 왜 일어났어요? (자다 - 깨다)
   나 무서운 꿈을 꿔서 ....

연습 2 다음과 같이 대화를 해 봅시다.

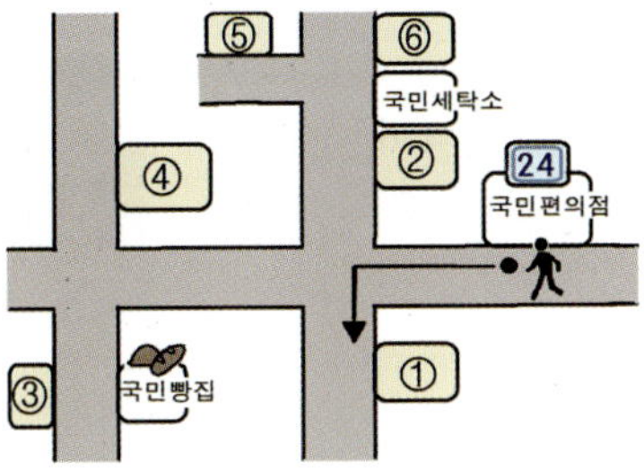

가 길을 못 찾겠어요. 어떻게 가야 해요?
나 지금 어디에 계세요?
가 국민편의점 앞에 있어요.
나 그럼 국민편의점 앞에서 똑바로 오다가 첫 번째 사거리에서 왼쪽으로 오세요 .

연습 3 지하철 노선도를 보고 다음과 같이 친구와 이야기해 봅시다.

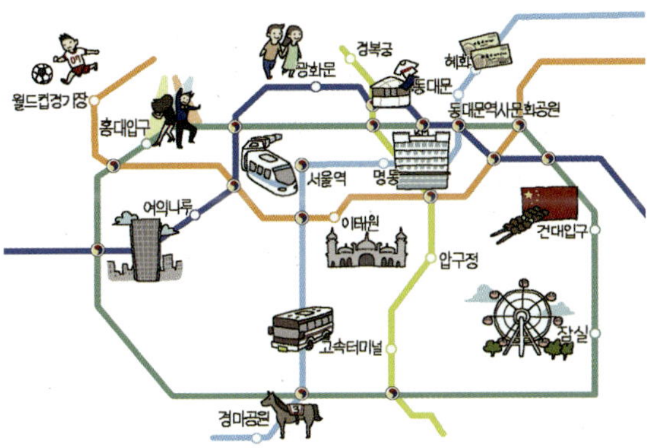

혜화역 → 고속터미널

명동역 → 63빌딩

광화문역 → 이태원

서울역 → 홍대

경복궁역 → 롯데월드

왕쯔이 여보세요. 저 왕쯔이인데요.
제프리 네, 왕쯔이 씨. 무슨 일이에요?
왕쯔이 길을 좀 물어보려고 해요. 제가 지금 혜화역에 있어요. 고속터미널에 가려고 해요. 어떻게 가야 해요?
제프리 지하철 4호선을 타고 가다가 충무로역에서 3호선으로 갈아타세요.
왕쯔이 어디에서 내려야 해요?
제프리 고속터미널역에서 내리세요.
왕쯔이 네, 고마워요.

문법 2 -(으)니까

연습 1 다음과 같이 묻고 대답해 봅시다.

1. 가 버스를 탈까요? 택시를 탈까요? (시간이 없다 – 택시를 타다)
   나 시간이 없으니까 택시를 타요.

2. 가 내일 점심에 만날 수 있어요? (점심에 약속이 있다 – 저녁에 만나다)
   나 ....

3. 가 이리나 씨, 우리 불고기를 먹을까요? (저는 고기를 안 먹다 – 다른 음식을 먹다)
   나 ....

4. 가 백화점에서 쇼핑을 하고 갈까요? (피곤하다 – 그냥 가다)
   나 ....

5. 가 우리가 찾는 가게가 어디에 있어요? (여기는 저도 처음이다 – 길을 물어보다)
   나 ....

6. 가 명동에서 영화를 볼까요? (명동은 좀 멀다 – 학교 근처에서 보다)
   나 ....

7. 가 떡볶이를 시킬까요? (떡볶이는 맵다 – 다른 음식을 시키다)
   나 ....

연습 2

다음과 같이 대화를 해 봅시다.

가　우리 뭐 할까요?
나　등산을 할까요?
가　제가 몸이 좀 안 **좋으니까** 집에서 영화를 봐요 . 어때요?
나　좋아요.

1. 등산을 하다 / 제가 몸이 좀 안 좋다 – 집에서 영화를 보다
2. 영화를 보다 / 내일 시험이다 – 도서관에 가다
3. 산책을 하다 / 오늘은 춥다 – 집에서 TV를 보다
4. 게임을 하다 / 어제 많이 했다 – ....
5. 도서관에 가다 / .... – 쇼핑을 하다
6. 따뜻한 차를 마시다 / .... – 아이스크림을 먹다

연습 3

다음과 같이 친구와 이야기해 봅시다.

✔ 주말에 명동에 가려고 해요.

국민식당에서 저녁을 먹으려고 해요.

내일 학교에 결석할 거예요.

차가운 음료를 마시고 싶어요.

아르바이트를 그만두려고 해요.

저는 주말에 명동에 가려고 해요.

주말에는 가지 마세요.

왜요?

주말에는 너무 복잡하니까
평일에 가세요.

대화 1

15

택배 기사	여보세요, 택배 기사인데요. 지금 집 근처에 왔습니다. 그런데 골목이 많아서 집 찾기가 어려워요.
이리나	지금 어디에 계세요?
택배 기사	국민마트 앞인데요.
이리나	그럼 마트를 지나서 쭉 오다가 첫 번째 골목에서 오른쪽으로 들어오세요. 제가 나갈게요.
택배 기사	네, 감사합니다.

확인해 봅시다.

□ 택배 기사는 왜 전화를 했어요?

□ 이리나 씨 집은 어디에 있어요?

친구들과 함께 위와 같이 이야기해 봅시다.

대화 2

16

카오루	실례합니다. 이 근처에 은행이 있어요?
남자	네, 이 길로 쭉 가다가 사거리에서 왼쪽으로 돌아가세요. 그럼 큰 서점이 나올 거예요. 그 서점 옆에 은행이 있어요.
카오루	여기에서 은행까지 멀어요?
남자	아니요, 멀지 않아요. 그런데 4시에 문을 닫으니까 빨리 가세요.
카오루	그래요? 감사합니다.

확인해 봅시다.

□ 은행에 어떻게 가요?

□ 카오루 씨는 은행에 왜 빨리 가야 해요?

다음 표현을 사용해서 위와 같이 대화를 만들어 봅시다.

은행	쭉 가다 / 왼쪽	큰 서점 / 옆	4시에 문을 닫다 / 빨리 가다
백화점	똑바로 가다 / 오른쪽	경찰서 / 앞	곧 끝나다 / 서두르다
우체국	계속 가다 / 왼쪽	시장 / 입구	9시에 문을 열다 / 천천히 가다

해 봅시다!

그림을 보고 다음 장소에 가는 방법에 대해 설명해 봅시다.

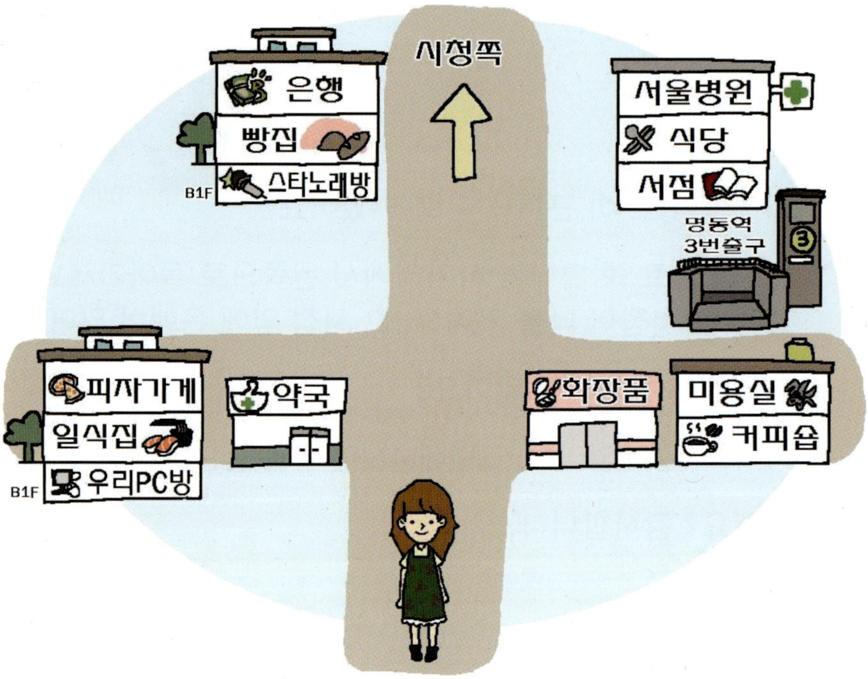

가 실례합니다. 이 근처에 PC방이 있어요?

나 네, 이 길로 쭉 가다가 사거리에서 왼쪽으로 돌아가세요.
그럼 약국이 나와요. 약국 옆에 PC방이 있어요.
PC방은 지하 1층에 있으니까 계단으로 내려가세요.

가 알겠습니다. 감사합니다.

PC방	은행	병원
노래방	커피숍	

문법 설명

-다가

Attached after a verb, '-다가' expresses that an action or a state is discontinued, and is changed into an another action or a state.

- 집에 **가다가** 친구를 만났어요.
- 축구를 **하다가** 다리를 다쳐서 병원에 갔어요.
- 기숙사에서 **살다가** 원룸으로 이사했어요.

-(으)니까

Attached after the stem of a verb or an adjective to indicate that the preceding clause is the cause or ground of the following clause. If the stem ends with a consonant, '-으니까' is attached, but if the stem ends with a vowel, '-니까' is attached. If it is used after a noun, '-이니까' is attached after a consonant, but '-니까' is attached after a vowel. If a verb or an adjective ends with a consonant 'ㄹ', 'ㄹ' should be deleted and '-니까' is used. It can be attached with a tense marker.

- 다음 주에 시험을 **보니까** 같이 공부해요.
- 방학**이니까** 고향에 가요.
- 이 책은 **읽었으니까** 다른 책을 빌려 주세요.
- 커피가 **뜨거우니까** 조심하세요.
- 중요한 서류**니까** 버리지 마세요.

어휘와 표현

쭉	혜화역	음료	천천히
사거리	고속터미널	그만두다	계단
맛	서울역	골목	내려가다
내려오다	홍대	들어오다	
깨다	충무로역	경찰서	첫 번째
꿈	결석하다	서두르다	실례합니다
꾸다	차갑다	입구	

MEMO

09과

집 안에 신발을 신고 들어가면 안 돼요

09과 집 안에 신발을 신고 들어가면 안 돼요

문법 1 -아/어/여도 되다

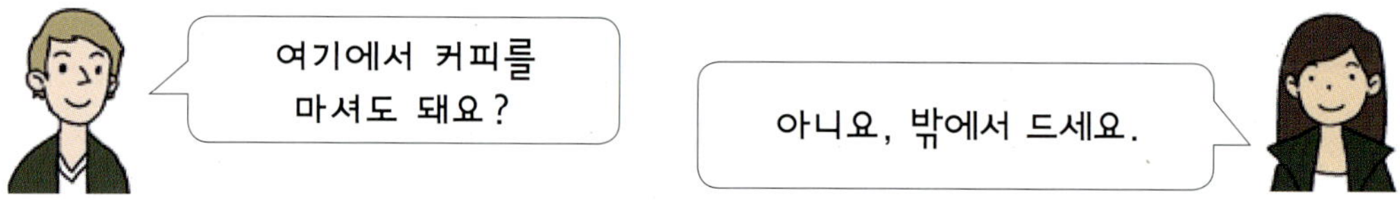

연습 1 다음과 같이 묻고 대답해 봅시다.

1. 가 선생님, 지금 집에 가도 돼요 ? (가다)
   나 아직 수업이 안 끝났어요. 조금 더 기다리세요.

2. 가 여기에 .... ? (앉다)
   나 네, 앉으세요.

3. 가 이 사탕 .... ? (먹다)
   나 그럼요, 드셔도 돼요.

4. 가 오늘 재활용 쓰레기를 .... ? (버리다)
   나 아니요, 수요일에 버려야 해요.

5. 가 에어컨을 .... ? (켜다)
   나 지금 별로 안 더운데요.

6. 가 제가 잠깐 .... ? (들어가다)
   나 죄송하지만 안 돼요. 지금 회의 중이에요.

7. 가 수업 끝나고 교실에서 .... ? (공부하다)
   나 네, 공부해도 돼요.

연습 2 다음과 같이 대화를 해 봅시다.

가 커피숍에서 담배를 **피워도 돼요?**
나 아니요, 안 돼요.
가 그럼 어디에서 피워야 해요?
나 건물 밖에서 피우세요 .

1. 커피숍에서 담배를 피우다 / 어디에서 피우다
2. 식당 앞에 주차하다 / 어디에 주차하다
3. 교실에서 음식을 먹다 / 어디에서 먹다
4. 버스에 커피를 들고 타다 / 어떻게 하다
5. 여기에서 노트북을 사용하다 / 어디에서 사용하다
6. 시험 문제를 다 풀면 나가다 / 언제 나가다

연습 3 학생과 선생님이 되어 다음과 같이 친구와 이야기해 봅시다.

발표문을 다음 주에 내고 싶어요. — 이유 : 고향에서 부모님이 오셔서 좀 바빠요.

수업이 끝나기 전에 조금 일찍 나가고 싶어요. — 이유 : 친구가 아파서 같이 병원에 가야 해요.

이따가 선생님께 전화를 드리고 싶어요. — 이유 : 고민이 있어요.

가 선생님, 죄송하지만 발표문을 다음 주에 내도 돼요?
나 왜요? 무슨 일 있어요?
가 고향에서 부모님이 오셔서 좀 바빠요.
나 그래요? 그럼 언제까지 낼 수 있어요?
⋮

문법 2 -(으)면 안 되다

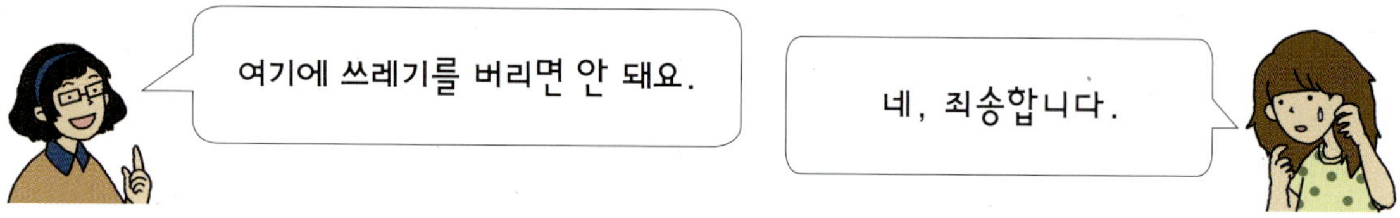

연습 1 다음과 같이 묻고 대답해 봅시다.

가 시험 볼 때 연필로 써도 돼요?
나 아니요, 연필로 쓰면 안 돼요.

1. 시험 볼 때 연필로 쓰다
2. 휴게실에서 담배를 피우다
3. 오늘 집에 늦게 들어가다
4. 수업 시간에 과자를 먹다
5. 출근할 때 반바지를 입다
6. 지금 창문을 열다
7. 도서관에서 음악을 듣다

연습 2 다음과 같이 대화를 해 봅시다.

가 그림을 **만지면** 안 돼요.
나 네, 알겠습니다. 그럼 사진을 찍어도 돼요?
가 네, 찍어도 돼요. / 아니요, 찍으면 안 돼요 .

1. 전시회 — 그림을 만지다 / 사진을 찍다
2. 시험 시간 — 시험이 끝날 때까지 나가다 / 화장실에 갔다 오다
3. 버스 안 — 음식을 먹다 / 음료수를 마시다
4. 공연장 — 공연 중에 촬영하다 / 끝나고 배우들과 사진을 찍다
5. 기숙사 — 방 안에서 요리하다 / 친구들을 데리고 오다
6. 수업 시간 — 핸드폰을 보다 / 단어를 찾다

연습 3 다음 상황에서 무엇을 하면 안 됩니까? 다음과 같이 친구와 이야기해 봅시다.

기숙사 | 수업 시간 | 영화관
공원 | 결혼한 후 |

가 기숙사에서 뭘 하면 안 돼요?
나 큰 소리로 전화하면 안 돼요.
가 맞아요. 방 친구가 큰 소리로 전화하면 기분이 안 좋아요.
나 그리고 밤 늦게 들어오면 안 돼요.
⋮

대화 1

17

선생님	여러분, 기숙사 생활에 대해서 질문 있습니까?
학생 1	선생님, 기숙사에서 요리할 수 있습니까?
선생님	방 안에서는 요리할 수 없지만 1층 주방에서는 가능합니다.
학생 2	기숙사에서 강아지를 키워도 돼요?
선생님	아니요, 기숙사에서는 동물을 못 키웁니다.
학생 1	그럼 친구를 데리고 와도 됩니까?
선생님	네, 밤 12시까지는 괜찮습니다. 우리 모두 기숙사 규칙을 잘 지킵시다.

확인해 봅시다.

☐ 기숙사에서 요리를 할 수 있어요?

☐ 기숙사에 친구가 놀러 와도 돼요?

친구들과 함께 위와 같이 이야기해 봅시다.

대화 2

18

마키	제가 한국 친구 집에 초대를 받았는데요. 한국 사람 집에 가면 무엇을 조심해야 해요?
지훈	집 안에 신발을 신고 들어가면 안 돼요.
마키	그건 우리 나라와 같아요.
지훈	그리고 보통 식사할 때 소리를 내지 않아요.
마키	그래요? 일본에서는 국수를 먹을 때 소리를 내도 돼요.
지훈	네, 나라마다 지켜야 할 예절이 다르니까요.

확인해 봅시다.

- □ 한국 사람 집에 가면 무엇을 조심해야 해요?
- □ 식사할 때 한국과 일본은 무엇이 달라요?

다음 표현을 사용해서 위와 같이 대화를 만들어 봅시다.

한국	식사할 때 소리를 내지 않다	일본	국수를 먹을 때 소리를 내다
한국	식사할 때 음식을 남기지 않다	중국	음식을 남기다
일본	음식을 비벼 먹지 않다	한국	음식을 비벼 먹다
중국	선물로 벽시계를 주지 않다	한국	벽시계를 선물하다

해 봅시다!

여러분 나라의 예절을 소개하고, 다른 나라의 예절에는 무엇이 있는지 친구와 이야기해 봅시다.

상황		한국		
선물	선물을 받으면 바로 열어요.	O		
초대	집 안에서 신발을 신어요.	X		
식사	코를 풀어요.	X		
기타	빨간색으로 이름을 써요.	X		

한국에서는 선물을 받으면 바로 열어도 돼요.

그래요? 중국에서는 바로 선물을 열면 안 돼요.

문법 설명

-아/어/여도 되다

Attached after the verb stem to be used to allow a certain action or to ask for someone's permission. If the last syllable of the stem ends with 'ㅏ' or 'ㅗ', '-아도 되다' should be attached, but if the last syllable ends with any other vowel, '-어도 되다' is used. Lastly, if '-아/어/여도 되다' is combined with '하다', '하여도 되다(→해도 되다)' is used.

- 지금 **가도 됩니까**?
- 여기에 **앉아도 돼요**?
- 이곳에서는 요리를 **해도 됩니다**.

-(으)면 안 되다

Attached after the stem of a verb to be used when prohibiting against certain action. If the last syllable of the verb ends with a consonant, '-으면 안 되다' should be used. However, if the last syllable ends with a vowel or 'ㄹ', '-면 안 되다' should be used.

- 이 그림을 **만지면 안 됩니다**.
- 아이들은 이 약을 **먹으면 안 돼요**.
- 수업 시간에 음악을 **들으면 안 됩니다**.
- 여기에서 **떠들면 안 돼요**.

어휘와 표현

앉다	문제	출근하다	에 대해서	국수
사탕	풀다	반바지	주방	예절
회의	발표문	공연장	가능하다	남기다
건물	내다	촬영하다	키우다	비비다
주차하다	고민	데리고 오다	지키다	벽시계
들다	휴게실	소리	조심하다	기타(etc.)

MEMO

10과

관심이 있으면 한번 가 보세요

10과 관심이 있으면 한번 가 보세요

문법 1 -아/어/여 보다

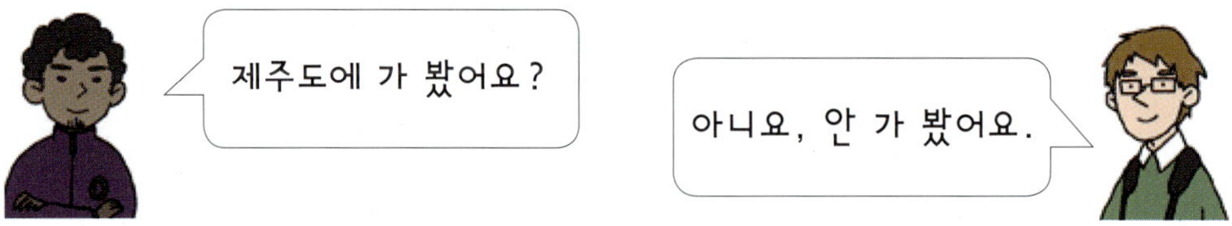

연습 1 다음과 같이 말해 봅시다.

가 제주도에 가 봤어요?

나 네, 가 봤어요. / 아니요, 안 가 봤어요.

1. 제주도에 가다
2. 말을 타다
3. 한복을 입다
4. 삼계탕을 먹다
5. 배낭여행을 하다
6. 한국 음식을 만들다
7. 한국어 뉴스를 듣다
8. 노래방에서 한국 노래를 부르다

연습 2 다음과 같이 대화를 해 봅시다.

가 한국에서 특별한 경험을 해 보고 싶어요. 뭐가 좋을까요?
나 밤에 한강에서 유람선을 **타 봤어요?**
가 아니요, 안 타 봤어요.
나 그럼 한번 타 보세요. 야경이 정말 예뻐요 .

1. 밤에 한강에서 유람선을 타다 / 야경이 정말 예쁘다
2. 태권도를 배우다 / 힘들지만 재미있다
3. 막걸리를 마시다 / 달고 맛있다
4. 작은 도시를 여행하다 / 조용하고 공기도 맑다
5. 한복을 입고 경복궁을 걷다 / 예쁜 사진을 찍을 수 있다
6. 찜질방에 가다 / ....

연습 3 자신의 특별한 경험에 대해 다음과 같이 친구와 이야기해 봅시다.

번지 점프를 하다 | 사막에 가다 | 열기구를 타다
혼자 여행하다 | 특별한 음식을 먹다 | 유명한 사람을 만나다
외국어로 연애편지를 쓰다 |

가 저는 번지 점프를 해 봤어요.
나 그래요? 언제 해 봤어요?
가 고등학교 졸업 여행 때 친구들하고 같이 해 봤어요.
나 무서웠어요?
가 시작하기 전에는 좀 무서웠지만 그다음에는 재미있었어요.
⋮

문법 2 -(으)면서

연습 1 다음과 같이 묻고 대답해 봅시다.

1. 가 왜 바트 씨를 좋아해요? (기타를 치다)

   나 지난번 파티 때 기타를 치면서 노래하는 걸 봤어요. 너무 멋있었어요.

2. 가 늦어서 미안해요. (숙제하다)

   나 괜찮아요. .... 기다리고 있었어요.

3. 가 벌써 식사 시간이 되었어요. (밥을 먹다)

   나 그럼 .... 회의를 계속할까요?

4. 가 저는 단어 외우기가 어려워요. 어떻게 외우면 좋을까요? (여러 번 쓰다)

   나 .... 외워 보세요.

5. 가 여보세요. 마키 씨, 저 지금 운전 중이에요. (전화 받다)

   나 그래요? .... 운전하면 안 되니까 이따가 통화해요.

6. 가 선생님이 왜 화가 나셨어요? (수업을 듣다)

   나 제 친구가 .... 게임을 했어요.

7. 가 어제 본 영화 어땠어요? (울다)

   나 너무 슬퍼서 계속 .... 봤어요.

연습 2

다음과 같이 대화를 해 봅시다.

가 여보세요, 지금 뭐 하고 있어요?

나 동영상을 **보면서** 운동하고 있어요.

가 무슨 운동을 하고 있어요?

나 요가를 하고 있어요 .

1. 동영상을 보다 - 운동하다 / 무슨 운동을 하다 / 요가
2. 치킨을 먹다 - 텔레비전을 보다 / 뭘 보다 / 코미디 프로그램
3. 음악을 듣다 - 걷다 / 어디에서 걷다 / 집 근처에 있는 공원
4. 커피를 마시다 - 친구랑 얘기하다 / 누구를 만나다 / ......
5. 만화책을 읽다 - 쉬다 / 뭘 읽다 / ......
6. 케이크를 만들다 - 파티를 준비하다 / ...... / ......

연습 3

다음 상황에서 같이 하면 안 되는 것은 무엇입니까?
아래와 같이 대화를 만들어 봅시다.

도서관 직원 – 학생

선생님 – 학생

경찰관 – 운전자

직원 저기요, 잠시만요.

학생 네? 저요?

직원 네, 책에 메모를 하면서 읽으면 안 돼요.

학생 죄송합니다.

직원 그리고…

대화 1

19

윤아 간토야 씨, 춤추는 걸 좋아해요?

간토야 관심은 있지만 잘 못 춰요. 윤아 씨는 어때요?

윤아 저도 그래요.

간토야 춤을 잘 추는 사람들을 보면 정말 부러워요.

윤아 저도요. 그래서 요즘 라틴 댄스를 배우기 시작했어요.

간토야 라틴 댄스요? 그거 어렵지 않아요?

윤아 좀 어렵지만 정말 재미있어요. 간토야 씨도 배워 보세요.

간토야 그럼 윤아 씨가 배우러 갈 때 한번 따라가 볼까요?

확인해 봅시다.

□ 간토야 씨는 춤을 잘 춰요?

□ 윤아 씨는 요즘 무엇을 배우고 있어요?

친구들과 함께 위와 같이 이야기해 봅시다.

대화 2

20

장핑	여보세요. 간토야 씨, 지금 뭐 해요?
간토야	커피 마시면서 친구랑 얘기하고 있어요. 왜요?
장핑	괜찮은 아르바이트가 있어서 전화했어요. 간토야 씨, 유학생들에게 영어로 학교를 안내할 수 있어요?
간토야	네, 고향에서도 비슷한 일을 해 봤어요.
장핑	잘됐네요. 지금 유학생 센터에서 그 일을 할 사람을 찾고 있어요. 관심이 있으면 한번 가 보세요.
간토야	고마워요. 곧 가 볼게요.

확인해 봅시다.

- ☐ 간토야 씨는 지금 무엇을 하고 있어요?
- ☐ 장핑 씨는 간토야 씨에게 왜 전화를 했어요?

다음 표현을 사용해서 위와 같이 대화를 만들어 봅시다.

커피 마시다 / 친구랑 얘기하다	유학생들에게 영어로 학교를 안내하다	유학생 센터
드라마 보다 / 청소하다	몽골 사람에게 한국어를 가르치다	한국어교육센터
과자 먹다 / 게임하다	컴퓨터를 고치다	집 근처 컴퓨터 가게
노래 듣다 / 숙제하다	기타를 치면서 노래하다	학교 앞 카페

해 봅시다!

여러분은 무슨 아르바이트를 하고 싶습니까? 사장님과 아르바이트를 구하는 학생이 되어 역할극을 해 봅시다.

러시아어를 잘하는 사람을 찾습니다

- 하는 일 : 러시아어 통역
- 시간 : 저녁 6시 - 9시
- 시급 : 9천 원 / 1시간

한러무역

아르바이트 학생을 구합니다

- 하는 일 : 오토바이 배달
- 시간 : ______
- 시급 : ______ 원 / 1시간

하나식당

아르바이트 학생을 찾습니다

- 하는 일 : 기타 연주와 노래
- 시간 : ______
- 시급 : ______ 원 / 1시간

커피앤티

요리사를 구합니다

- 하는 일 : ______ 요리
- 시간 : 낮 11시 - 2시
- 시급 : ______ 원 / 1시간

봄꽃레스토랑

번역할 사람을 구합니다

- 하는 일 : ______ 번역
- 시간 : 원하는 시간에
- 시급 : 5만 원 / 1장

국민출판사

가 여보세요, 아르바이트 광고를 보고 전화 드렸어요.
나 그래요? 러시아어를 할 수 있어요?
가 네, 할 수 있어요. 제가 어떤 일을 해야 해요?
나 러시아에서 오는 전화를 받아서 통역을 해야 해요. 이런 일을 해 봤어요?
가 네, 해 봤어요. 그런데 제가 학교에 다니면서 아르바이트를 해야 해요. 몇 시부터 몇 시까지 일해야 해요?
⋮

여러분이 구한 아르바이트에 대해서 친구와 이야기해 봅시다.

문법 설명

-아/어/여 보다

Attached after the stem of a verb to express trial of an action or past experience. If the last syllable of a verb stem ends with 'ㅏ' or 'ㅗ', '-아 보다' should be attached, but if the last syllable ends with any other vowel, '-어 보다' should be attached. Lastly, if '-아/어/여 보다' is combined with '하다', '하여 보다(→해 보다)' is used.

- 우리 집에 한번 **와 보세요**.
- 한국 노래를 **해 봤어요**?
- 닭갈비를 안 **먹어 봤어요**.
- 이 음악을 **들어 보셨어요**?

-(으)면서

Attached after a verb, '-(으)면서' expresses that the preceding and following actions are happening at the same time. If the last syllable of the verb ends with a consonant, '-으면서' should be used. However, if the last syllable ends with a vowel or 'ㄹ', '-면서' should be used.

- 휴대폰을 **보면서** 운전하지 마세요.
- 친구하고 음식을 **만들면서** 이야기를 해요.
- 밥을 **먹으면서** 텔레비전을 봤어요.
- 음악을 **들으면서** 운동을 해요.

어휘와 표현

관심	사막	울다	따라가다	구하다
배낭여행	열기구	프로그램	비슷하다	연주
경험	연애편지	만화책	잘되다	번역하다
유람선	그다음	운전자	센터	원하다
도시	계속하다	메모	한국어교육센터	광고
공기	외우다	춤추다	러시아어	이런
경복궁	화가 나다	부럽다	통역	
번지 점프	슬프다	라틴 댄스	시급	

MEMO

읽기

5. 밤 12시까지 기숙사에 들어와야 합니다
6. 저는 꿈이 많습니다

읽기 5 밤 12시까지 기숙사에 들어와야 합니다

여러분은 기숙사에 살아 봤습니까? 기숙사 생활은 어떻습니까?

읽어 봅시다.

기숙사 생활 안내

1. 밤 12시까지 기숙사에 들어와야 합니다.
2. 담배를 피우거나 술을 마시면 안 됩니다.
3. 방에서 요리를 하면 안 됩니다.
4. 침대와 책상은 있지만 이불과 베개는 학생이 준비해야 합니다.

세탁실 이용 안내

■ 기숙사 A동 10:00 - 20:00

■ 기숙사 B동 10:00 - 18:30

* 세탁기 1회 2500원, 건조기 1회 3000원
* 세제를 가지고 와야 합니다.

휴게실 이용 안내

■ 위치: A, B동 1층

■ 이용 시간: 8:00 - 23:00

* 전자레인지를 이용할 수 있습니다.
* 큰 소리로 이야기하면 안 됩니다.

택배 찾기 안내

■ 찾는 곳: B동 1층 사무실

■ 시간
- 평일 9:00 - 18:00(점심시간 12:00 - 13:00)
- 토요일 9:00 - 13:00

* 택배를 찾을 때 학생증이 필요합니다.

체육관 이용 안내

■ 위치: A동 2층(여학생만 이용) / B동 2층

■ 이용 시간: 9:00 - 20:00

* 운동복과 운동화를 가지고 와야 합니다.
* 음식을 먹으면 안 됩니다.
* 물과 음료수는 마셔도 됩니다.

가. 이야기해 봅시다.

1. 기숙사에서 무엇을 하면 안 됩니까?
2. 세탁기를 이용할 때 얼마가 필요합니까?

3. 휴게실은 몇 시부터 몇 시까지 이용할 수 있습니까?
4. 체육관을 이용할 때 무엇을 준비해야 합니까?

나. 맞으면 O, 틀리면 X를 하십시오.

1. A동 세탁실은 B동 세탁실보다 늦게까지 이용할 수 있습니다. (　　)
2. 택배를 찾을 때 학생증을 가지고 가야 합니다. (　　)
3. 체육관에서 음료수를 마시면 안 됩니다. (　　)

다. ____에 주의하면서 읽어 봅시다.

1. 침대와 책상은 있지만 이불과 베개는 학생이 준비해야 합니다.
2. 택배를 찾을 때 학생증이 필요합니다.
3. 물과 음료수는 마셔도 됩니다.

라. 읽은 내용을 가지고 대화를 만들어 봅시다.

가 ________ 씨, 기숙사 생활은 어때요?
나 괜찮아요.
가 빨래는 어떻게 해요?
나 ________________.
가 세탁기는 어떻게 사용해요?
나 ________________.
가 ________________?
나 ________________.

우리 학교 기숙사는 어떻습니까? 기숙사 이용 방법에 대해서 친구와 이야기해 봅시다.

어휘와 표현

이불	베개	세탁실	동	건조기	세제
위치	전자레인지	이용하다	여학생	운동복	

읽기 6 저는 꿈이 많습니다

여러분은 앞으로 무슨 일을 하고 싶습니까?

읽어 봅시다.

저는 하고 싶은 일이 많아서 항상 바쁩니다. 저는 사진 찍는 것을 좋아해서 주말마다 야외로 사진을 찍으러 나갑니다. 또 여행하는 것도 좋아합니다. 방학이 되면 항상 친구들과 여행을 떠납니다.

저는 글을 쓰는 것도 좋아합니다. 날마다 일기를 쓰고 친구나 부모님께 편지도 자주 씁니다. 지난번 쓰기 대회 때 재미있는 이야기를 써서 상도 받았습니다.

요즘 저는 영화를 찍는 일을 배우고 있습니다. 여러 사람을 만나는 것도 즐겁고 영화를 만드는 일도 아주 재미있습니다. 나중에 영화감독이 되어서 직접 영화를 만들어 보고 싶습니다.

저는 꿈이 많습니다. 사진작가도 되고 싶고 세계 여행도 하고 싶습니다. 또 유명한 소설가나 영화감독도 되고 싶습니다. 하고 싶은 것이 너무 많아서 고민입니다. 제가 앞으로 무슨 일을 하면 좋을까요?

가. 이야기해 봅시다.

1. 이 사람은 왜 항상 바쁩니까?
2. 요즘 이 사람이 배우는 것은 무엇입니까?
3. 이 사람은 앞으로 무엇이 되고 싶습니까?

나. 맞으면 O, 틀리면 X를 하십시오.

1. 이 사람은 방학 때 고향에 가서 사진을 찍습니다. (　　)
2. 이 사람은 영화를 찍어서 상을 받았습니다. (　　)
3. 이 사람은 하고 싶은 일이 많습니다. (　　)

다. ______에 주의하면서 읽어 봅시다.

1. 사진 찍는 것을 좋아해서 주말마다 야외로 사진을 찍으러 나갑니다.
2. 지난번 쓰기 대회 때 재미있는 이야기를 써서 상도 받았습니다.
3. 사진작가도 되고 싶고 세계 여행도 하고 싶습니다.

라. 읽은 내용을 가지고 대화를 만들어 봅시다.

가 .... 씨는 왜 항상 바빠요?
나 .... 그리고 ....
가 그래요? 좋아하는 게 정말 많아요.
나 요즘은 ....
가 그래요? .... 씨는 앞으로 뭘 하고 싶어요?
나 글쎄요, ...

여러분의 꿈에 대해서 이야기해 봅시다.

어휘와 표현

야외	떠나다	글	지난번	대회	이야기
상	영화감독	직접	사진작가	세계	소설가

문화
Culture

외국인이 자주 가는 서울의 명소

Tourist Attractions in Seoul for Foreigners

If you were to ask foreign visitors in Korea where they plan to go for a weekend, they would most likely say Myeong-dong. As Myeong-dong has many clothing and accessory stores, it's a great place to shop. In addition to Myeong-dong, there are many other places in Seoul for foreigners to go. At Insa-dong, one can shop for traditional Korean items, or go to traditional teahouses, traditional restaurants, and art galleries. The Hongdae area features street vendors who sell their handmade products and resembles a flea market. Hongdae is also a popular spot for teenagers and university students, as there are many trendy shops for clothes and accessories. It also provides lots of opportunities for Korean and foreign youth to meet and interact.

Let's try!

1. 서울에서 내가 가고 싶은 곳을 친구와 같이 이야기해 봅시다.
   Name the places you would like to visit in Seoul. Try having a conversation about it with your partner.
2. 그곳에 무엇이 있습니까? 친구와 같이 이야기해 봅시다.
   What kinds of things do they have the place? Try having a conversation about it with your partner.

11과

운동을 해 보려고 스포츠 센터를 찾고 있어요

11과 운동을 해 보려고 스포츠 센터를 찾고 있어요

문법 1 (이)나, -거나

주말에 뭐 하세요?

집에서 쉬거나 친구를 만나요.

연습 1 다음과 같이 묻고 대답해 봅시다.

1. 가 무슨 영화를 자주 봐요? (코미디 영화 - 액션 영화)
   나 코미디 영화나 액션 영화를 자주 봐요.
2. 가 한국 사람들은 보통 야식으로 뭘 시켜 먹어요? (치킨 - 피자)
   나 .
3. 가 여자 친구 생일에 무슨 선물을 주면 좋을까요? (화장품 - 액세서리)
   나 .
4. 가 부산에 무엇을 타고 가는 게 좋아요? (고속버스 - KTX)
   나 .
5. 가 보통 점심을 어떻게 먹어요? (학생 식당에서 먹다 - 매점에서 사 먹다)
   나 .
6. 가 친구를 만나면 보통 뭐 해요? (쇼핑하다 - 영화를 보다)
   나 .
7. 가 방학이 되면 뭘 하고 싶어요? (운동을 배우다 - 여행을 가다)
   나 .
8. 가 언제 부모님이 보고 싶어요? (외롭다 - 아프다)
   나 (으)ㄹ 때 부모님이 보고 싶어요.

연습 2 다음과 같이 대화를 해 봅시다.

가 주말에 보통 뭘 하세요?
나 집에서 **쉬거나** 영화관에 가요.
가 영화관에 자주 가세요?
나 네, 영화를 좋아해서요 .

1. 집에서 쉬다 - 영화관에 가다 / 영화를 좋아하다
2. 공원을 걷다 - 자전거를 타다 / 자전거를 타면 기분이 좋아지다
3. 가족하고 영화를 보다 - 등산을 하다 / 집 근처에 산이 있다
4. 친구하고 놀다 - 혼자 게임을 하다 / ______
5. 낮잠을 자다 - ______ / ______
6. 집에서 책을 읽다 - ______ / ______

연습 3 다음과 같이 친구와 이야기해 봅시다.

고향 친구들한테 줄 선물을 사야 해요.

남자(여자) 친구하고 첫 데이트가 있어요.

부모님이 한국에 오실 거예요.

한국에서 재미있는 경험을 해 보고 싶어요.

가 고향 친구들한테 줄 선물을 사야 해요. 무엇을 사면 좋을까요?
나 보통 화장품이나 간식을 많이 사요.
가 화장품은 어디에서 사는 게 좋아요?
나 면세점에서 사는 게 싸고 편해요.
⋮

문법 2 -(으)려고

왜 케이크를 샀어요?

마키 씨한테 주려고 샀어요.

연습 1 다음과 같이 묻고 대답해 봅시다.

1. 가 왜 한국어를 공부해요? (한국 회사에 취직하다)

   나 한국 회사에 취직하려고 한국어를 공부해요.

2. 가 오늘 아침에 왜 일찍 일어났어요? (발표 준비를 하다)

   나 .... 일찍 일어났어요.

3. 가 기말시험 잘 봤어요? (좋은 성적을 받다)

   나 네, ... 열심히 공부했어요.

4. 가 배낭에 뭐가 있어요? (입다)

   나 추우면 .... 두꺼운 옷을 가져왔어요.

5. 가 오늘은 왜 앞자리에 앉았어요? (선생님 설명을 잘 듣다)

   나 .... 앞자리에 앉았어요.

6. 가 노트북이 있는데 또 샀어요? (학교에 들고 다니다)

   나 네, ... 가벼운 노트북을 하나 샀어요.

7. 가 아르바이트를 하고 있어요? (학비를 벌다)

   나 네, ... 아르바이트를 하고 있어요.

연습 2 다음과 같이 대화를 해 봅시다.

가 ______ 씨, 지금 뭐 하고 있어요?
나 친구 생일 때 **주려고** 선물을 고르고 있어요.
가 그래요? 무슨 선물을 줄 거예요?
나 지갑을 줄 거예요.

1. 친구 생일 때 주다 – 선물을 고르다 / 지갑
2. 방학 때 다니다 – 학원을 알아보다 / 스페인어
3. 어머니께 드리다 – 케이크를 만들다 / 치즈 케이크
4. 심심할 때 읽다 – 책을 사러 가다 / 만화책
5. 사촌 결혼식 때 입다 – 백화점에서 옷을 고르다 / 밝은색 정장
6. 파티 때 마시다 – 음료수를 사다 / ______

연습 3 남편과 아내가 되어 다음과 같이 친구와 이야기해 봅시다.

남편 뭘 이렇게 많이 샀어요?
아내 백화점에서 세일을 해서 쇼핑을 좀 했어요.
남편 닭고기는 왜 사 왔어요?
아내 아이들이 삼계탕을 좋아해서 삼계탕 만들려고 사 왔어요.
⋮

대화 1

21

왕쯔이　투이 씨, 주말 잘 보냈어요?

투이　네, 친구들하고 같이 부산에 갔다 왔어요.
바다도 구경하고 신선한 회도 먹었어요.

왕쯔이　와, 부러워요! 투이 씨는 주말에 자주 놀러 다녀요?

투이　아니요, 오랜만에 여행을 했어요. 평소에는 잘 안 다녀요.

왕쯔이　그럼 주말에는 보통 뭐 해요?

투이　집에서 책을 읽거나 게임을 해요. 왕쯔이 씨는요?

왕쯔이　저도 투이 씨하고 비슷해요. 집에서 영화나 드라마를 봐요.

✓ 확인해 봅시다.

□ 투이 씨는 주말에 자주 놀러 다녀요?

□ 왕쯔이 씨는 주말에 보통 무엇을 해요?

다음 표현을 사용해서 위와 같이 대화를 만들어 봅시다.

부산	바다 / 신선한 회	책을 읽다 / 게임을 하다	영화 / 드라마를 보다
전주	한옥 마을 / 전주비빔밥	청소하다 / 음식을 만들다	청소 / 빨래를 하다
경주	박물관 / 경주빵	숙제하다 / 한국어능력시험을 준비하다	전공 공부 / 한국어 공부를 하다

대화 2

22

알렉세이　마키 씨, 뭐 하고 있어요?
마키　운동을 해 보려고 스포츠 센터를 찾고 있어요.
알렉세이　무슨 운동을 하려고 해요?
마키　글쎄요, 요가나 수영 중에 하나를 생각하고 있어요.
알렉세이　수영이 어때요? 학교 근처에 큰 수영장도 있으니까요.
마키　네, 그런데 날씨가 추워지면 다니기 싫지 않을까요?
알렉세이　그럼 요가를 해 보세요. 요가도 좋은 운동이에요.
마키　맞아요. 그런데 요가는 처음이라서 자신이 없어요.

확인해 봅시다.

□ 마키 씨는 지금 무엇을 하고 있어요?

□ 마키 씨는 무슨 운동을 배우려고 해요?

친구들과 함께 위와 같이 이야기해 봅시다.

해 봅시다!

다음 안내문을 보고 무엇을, 어디에서 배울지 친구와 이야기해 봅시다.

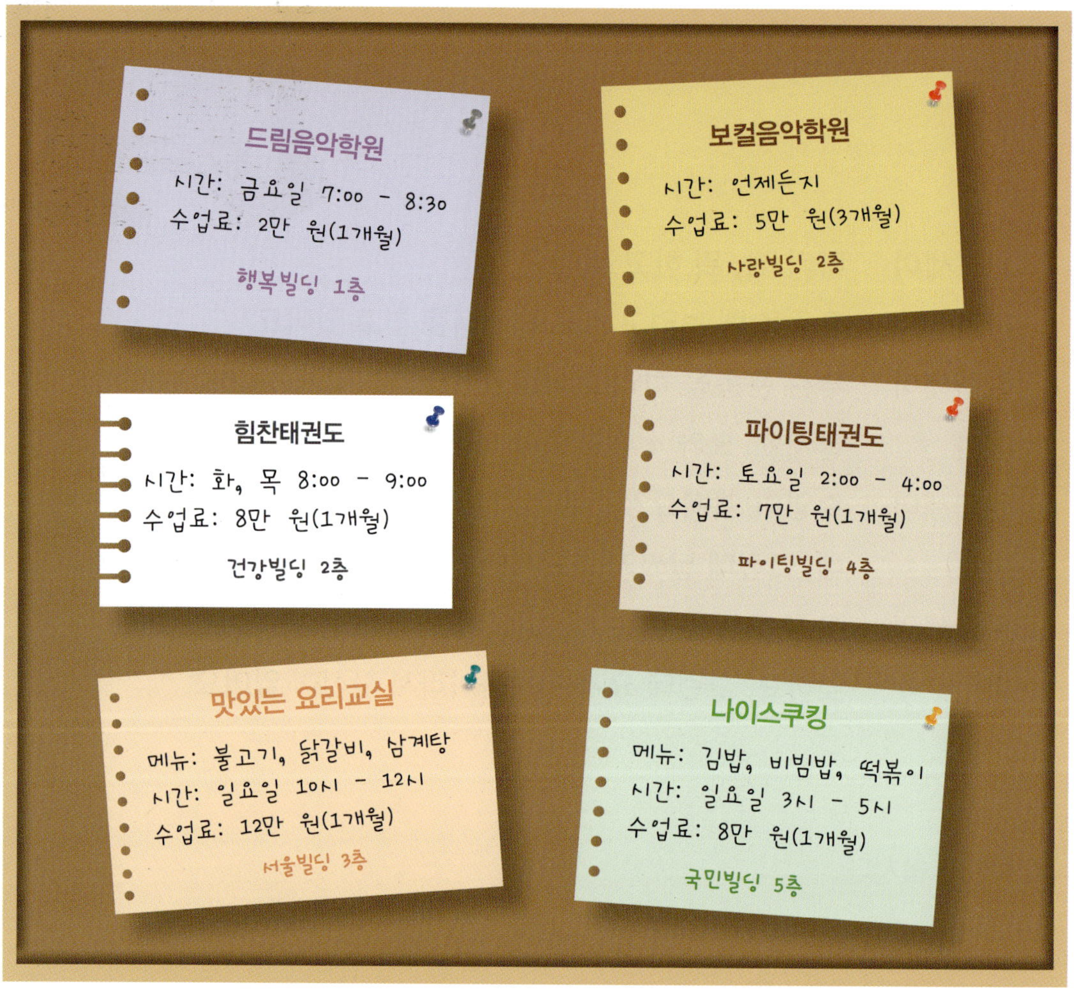

가 왕쯔이 씨, 뭐 해요?
나 노래를 배우려고 학원을 찾고 있어요.
가 그래요? 마음에 드는 곳이 있어요?
나 드림음악학원이나 보컬음악학원에 가 보려고요.
가 수업료는 얼마예요?
⋮

문법 설명

(이)나

This particle connects two or more things and denotes that one of them is chosen. If a noun ends with a vowel, '나' is attached but if the noun ends with a consonant, '이나' is used.

- 사과**나** 배를 주세요.
- 빨간색**이나** 노란색이 잘 어울려요.

-거나

This connective ending connects two or more actions or states and denotes that one of the actions or states is chosen. It is attached after the stem of a verb or an adjective.

- 우리 커피를 **마시거나** 영화를 볼까요?
- 아침에 보통 빵을 **먹거나** 식사를 안 해요.
- 내일은 **흐리거나** 비가 올 거예요.

-(으)려고

Attached after a verb, '-(으)려고' expresses the purpose of the action. If the last syllable of the stem ends with a consonant, '-으려고' should be used. However, if the last syllable ends with a vowel or 'ㄹ', '-려고' should be used.

- 결혼식에 **가려고** 정장을 샀어요.
- 친구랑 같이 **먹으려고** 케이크를 만들었어요.
- 학교 근처에 **살려고** 방을 찾고 있어요.
- 좀 **걸으려고** 공원에 가요.

어휘와 표현

스포츠 센터
야식
액세서리
낮잠
첫
데이트
취직하다
배낭
두껍다
앞자리
학비
벌다
사촌
밝은색
남편
아내
세일
닭고기
신선하다
회
오랜만
평소
박물관
한국어능력시험
전공
수영장
싫다
자신
수업료
개월

MEMO

12과

작년에 그 공연을 본 적이 있어요

12과 작년에 그 공연을 본 적이 있어요

문법 1 -네요

어제 이 모자를 샀어요.

정말 멋있네요!

연습 1

그림을 보고 다음과 같이 묻고 대답해 봅시다.

1. 가 여기 창문 밖 좀 보세요. (눈이 많이 오다)
   나 와, 눈이 많이 오네요.

2. 가 .... (지하철이 복잡하다)
   나 출퇴근 시간에는 늘 이렇게 사람이 많아요.

3. 가 제 가족사진이에요. (가족이 많다)
   나 ....

4. 가 마이클 씨는 .... (정말 키가 크다)
   나 네, 그래서 불편할 때도 많아요.

5. 가 .... (음식을 많이 만들었다)
   나 차린 건 없지만 많이 드세요.

연습 2

다음과 같이 대화를 해 봅시다.

1. 가 가족이 몇 명이에요?
   나 부모님하고 저 이렇게 3명이에요.
   가 그래요? 우리 집은 가족이 10명이에요.
   나 가족이 정말 **많네요**.

2. 가 집에서 학교까지 얼마나 걸려요?
   나 걸어서 5분쯤 걸려요. ______ 씨는요?
   가 저는 버스로 1시간 걸려요.
   나 ______________________.

3. 가 저기요. 이 선글라스 얼마예요?
   나 50만 원이에요.
   가 ______________________.
   나 더 싼 것도 있어요. 이건 어떠세요?

4. 가 어제 자전거 잘 탔어요?
   나 네, 3시간 동안 탔어요.
   가 ______________________.
   나 그래서 다리가 너무 아파요.

5. 가 ______ 씨는 하루에 얼마나 공부해요?
   나 날마다 5시간쯤 공부해요.
   가 ______________________.
   나 ______________________.

6. 가 ______ 씨는 몇 시간쯤 자요?
   나 보통 3시간쯤 자요.
   가 ______________________.
   나 ______________________.

연습 3

친구의 물건을 보고 다음과 같이 이야기해 봅시다.

가 그 티셔츠 귀엽네요. 어디에서 샀어요?
나 지난주에 명동에서 샀어요. 옷이 얇아서 시원해요.
그런데 ______ 씨 신발도 멋있네요.
가 그래요? 이 신발은 인터넷 쇼핑몰에서 샀어요.
⋮

문법 2 -(으)ㄴ 적이 있다/없다

연습 1 다음과 같이 묻고 대답해 봅시다.

가 한국 영화를 본 적이 있어요?
나 네, 본 적이 있어요. / 아니요, 본 적이 없어요.

1. 한국 영화를 보다
2. 좋아하는 가수를 만나다
3. 길에서 넘어지다
4. 자기 생일을 잊어버리다
5. 한국 사람 집에 초대를 받다
6. 고향에서 한국어 수업을 듣다
7. 혼자 살다
8. 다른 나라 옷을 입어 보다
9. 눈사람을 만들어 보다

연습 2

다음과 같이 대화를 해 봅시다.

가 찜질방에 간 적이 있어요?
나 네, 간 적이 있어요.
가 누구하고 같이 갔어요?
나 친구들하고 같이 갔어요. 찜질도 하고 식혜도 마셨어요 .

1. 찜질방에 가다 / 누구
2. 한국 음식을 만들다 / 무슨 음식
3. 유명한 사람을 만나다 / 누구
4. 동아리 활동을 하다 / 무슨 동아리
5. 해외여행을 하다 / 어디
6. 교통사고가 나다 / 언제
7. 모르는 사람을 도와주다 / 누구
8. 수술을 받다 / 왜

연습 3

다음과 같은 경험을 한 적이 있습니까? 친구와 같이 이야기해 봅시다.

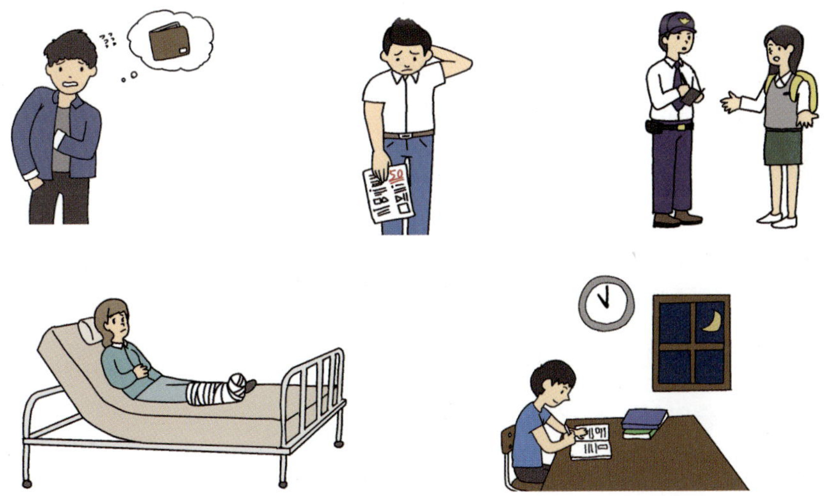

소중한 물건을 잃어버리다

중요한 시험에서 떨어지다

경찰서에 가다

많이 다쳐서 병원에 입원하다

한국어를 잘 못해서 실수하다

밤을 새우다

대화 1

23

마키	투이 씨, 제가 어제 영화배우 에릭 씨를 봤어요!
투이	정말요? 어디에서요? 저도 에릭 씨 팬이에요!
마키	어제 강남에서 에릭 씨가 식사를 하고 있었어요.
투이	말을 걸어 봤어요?
마키	아니요, 너무 떨려서 아무 말도 못 했어요.
투이	그럼 사진은 찍었어요?
마키	아니요, 사진도 못 찍었어요.
투이	아, 정말 아쉽네요!

✓ 확인해 봅시다.

☐ 마키 씨에게 어제 무슨 일이 있었어요?

☐ 마키 씨는 좋아하는 배우와 사진을 찍었어요?

친구들과 함께 위와 같이 이야기해 봅시다.

대화 2

24

압둘라　간토야 씨, 주말에 뭐 했어요?

간토야　주말에 명동에서 공연을 봤어요.

압둘라　그래요? 무슨 공연인데요?

간토야　난타를 봤어요.

압둘라　난타요? 저도 작년에 본 적이 있어요.
아주 기억에 남는 경험이었어요.

간토야　저도 정말 재미있었어요. 여기 사진 한번 보세요.

압둘라　와, 사진을 보니까 또 보러 가고 싶네요.

확인해 봅시다.

□ 간토야 씨는 주말에 뭘 했어요?

□ 압둘라 씨는 그 공연을 본 적이 있어요?

다음 표현을 사용해서 위와 같이 대화를 만들어 봅시다.

명동 / 공연을 보다	난타	기억에 남다	보러 가고 싶다
경복궁 / 춤을 배우다	탈춤	신나다	생각이 나다
국립극장 / 악기를 배우다	장구	재미있다	배우고 싶다

해 봅시다!

여러분은 한국에서 다음과 같은 경험을 한 적이 있습니까? 친구와 같이 이야기해 봅시다.

1. 한국에서 고향 음식을 사 먹다
2. 한국 사람한테 길을 알려 주다
3. 한국에서 운전을 하다
4. 한국어로 쓴 소설을 읽다
5. 한국 사람하고 싸우다
6. 산낙지를 먹어 보다
7. ....

누가 제일 많은 경험을 해 봤습니까?

: 알렉세이 씨, 한국에서 러시아 음식을 사 먹은 적이 있어요?

: 아니요, 사 먹은 적이 없어요. 맛있는 곳을 찾을 수 없어서요.

⋮

	알렉세이			
1	X			
2				
3				
4				
5				
6				
7				

누가 제일 특별한 경험을 했습니까? 그 친구의 이야기를 들어 봅시다.

문법 설명

-네요

Attached after a verb, an adjective or a 'noun+이다', this sentence ending is used for expressing exclamation about the fact that the speaker has just realized or has just understood something. It can be attached after '-았/었/였-' or '-겠-.'

- 아이가 참 **예쁘네요**.
- 비가 많이 **오네요**.
- 오늘 아주 **덥네요**.
- 유학 생활이 **힘들겠네요**.
- 결혼식에 사람들이 많이 **왔네요**. 참 **좋았겠네요**.

-(으)ㄴ 적이 있다/없다

Attached after a verb, '-(으)ㄴ 적이 있다/없다' expresses that the subject has or has not had a certain experience of doing something. If the last syllable of the stem ends with a consonant, '-은' is attached, but when the last syllable ends with a vowel, '-ㄴ' is attached. If the last syllable ends with 'ㄹ', this 'ㄹ' should be deleted and '-ㄴ' is attached.

- 한국 소설을 **읽은 적이 없어요**.
- 시골에서 **산 적이 있어요**.
- 그 사람을 **만난 적이 있어요**.
- 이 노래를 **들어 본 적이 없어요**.

어휘와 표현

출퇴근	해외여행	밤을 새우다	국립극장
늘	교통사고	영화배우	악기
가족사진	수술	말을 걸다	장구
선글라스	소중하다	떨리다	알려 주다
날마다	중요하다	아무	소설
얇다	떨어지다	아쉽다	싸우다
쇼핑몰	입원하다	기억	산낙지
넘어지다	실수하다	탈춤	차린 건 없지만 많이 드세요

MEMO

13과

이 모자는 안 어울릴 것 같은데요

13과 이 모자는 안 어울릴 것 같은데요

문법 1 -는 것 같다

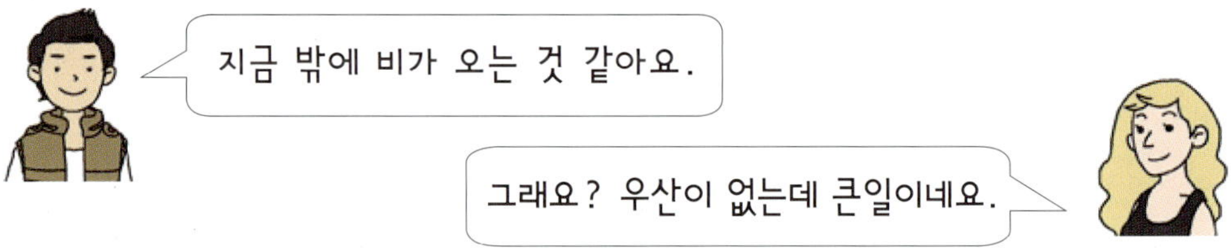

연습 1 다음과 같이 묻고 대답해 봅시다.

1. 가 왜 투이 씨가 지금까지 안 올까요? (무슨 일이 있다)
   나 전화를 했는데 안 받아요. 아마 무슨 일이 있는 것 같아요.

2. 가 장핑 씨가 왜 수업 시간에 자꾸 결석 할까요? (아르바이트 때문에 바쁘다)
   나 ....

3. 가 카오루 씨도 기숙사에서 살아요? (학교 근처에 살다)
   나 아니요, ...

4. 가 마키 씨 음료수도 사요. 커피를 사 갈까요? (커피를 좋아하지 않다)
   나 마키 씨가 .... 과일 주스를 사요.

5. 가 지훈 씨하고 미선 씨가 서로 잘 알아요? (친하다)
   나 .... 두 사람이 반말하는 걸 봤어요.

6. 가 제프리 씨는 여자 친구가 있을까요? (여자 친구가 있다)
   나 쉬는 시간마다 전화하는 걸 보면 ....

7. 가 김 선생님 아기가 딸이에요? 아들이에요? (아들이다)
   나 이름이 지훈이니까 ....

문법 2 -(으)ㄴ 것 같다

연습 1 다음과 같이 묻고 대답해 봅시다.

1. 가 간토야 씨가 교실에 있어요? (집에 갔다)
   나 아니요, 없어요. 아마 집에 간 것 같아요.

2. 가 어제 산 아이스크림 못 봤어요? (아이들이 먹었다)
   나 냉장고에 없어요? 그럼 ....

3. 가 장핑 씨한테 무슨 일 있어요? 기분이 좋은 것 같아요. (원하는 점수를 받았다)
   나 오늘 시험 결과가 나왔어요. ....

4. 가 제 핸드폰이 없네요. 아까 그 식당에 .... (놓고 왔다)
   나 그래요? 식당에 빨리 가 보세요.

5. 가 지금도 계속 비가 와요? (비가 그쳤다)
   나 사람들이 우산을 안 쓰네요. ....

6. 가 이리나 씨가 왜 안 올까요? (약속을 잊어버렸다)
   나 .... 전화를 한번 해 보세요.

7. 가 길이 많이 막히네요. (사고가 났다)
   나 .... 저 앞에 경찰차가 있어요.

연습 2 다음과 같이 대화를 해 봅시다.

가 누가 어제 열심히 **공부한 것 같아요?**

나 마키 씨가 열심히 공부한 것 같아요 .

가 왜 그렇게 생각해요?

나 시험을 잘 봐서요 .

어제 열심히 공부했다

지금 바쁘다

회사에 다니다

운동을 좋아하다

기분이 나쁘다

오늘 생일이다

감기에 걸렸다

문법 3 -(으)ㄹ 것 같다

연습 1 다음과 같이 묻고 대답해 봅시다.

1. 가 하늘이 갑자기 흐려졌어요. (비가 올 것이다)
   나 그러네요. 곧 비가 올 것 같아요.

2. 가 이번 학기에는 누가 장학금을 받을까요? (장학금을 받을 것이다)
   나 제 생각에는 투이 씨가 ________.

3. 가 오늘 밤에 별을 볼 수 있을까요? (볼 수 있을 것이다)
   나 오늘은 하늘이 맑으니까 ________.

4. 가 알렉세이 씨, 어디까지 왔어요? (좀 늦을 것이다)
   나 근처에 왔는데 차가 밀리네요. 미안하지만 ________.

5. 가 우리 김치찌개 먹을까요? (매울 것이다)
   나 김치찌개는 좀 ________. 다른 음식은 어때요?

6. 가 누가 동아리 회장이 될까요? (될 것이다)
   나 지훈 씨가 회장이 ________.

7. 가 다음 주 회의는 언제예요? (수요일에 하다)
   나 글쎄요, 보통 수요일에 했으니까 다음 주에도 ________.

연습 2

다음과 같이 대화를 해 봅시다.

가 내일도 비가 올까요?
나 네, 비가 **올 것 같아요.**
가 언제쯤 비가 그칠까요?
나 내일쯤 그칠 것 같아요 .

1. 오후에도 비가 오다 / 언제쯤 비가 그치다 / 내일쯤
2. 투이 씨가 말하기 대회에서 상을 받다 / 몇 등을 하다 / 1등을 하다
3. 졸업 파티에 지훈 씨가 오다 / 누구하고 같이 오다 / 여자 친구하고 같이 오다
4. 기말시험이 어렵다 / 제가 시험을 잘 볼 수 있다 / ……………
5. 로안헤어는 주말에 문을 열다 / 손님이 많다 / ……………
6. 고향에 돌아가면 한국 음식이 먹고 싶다 / 무슨 음식이 제일 먹고 싶다 / ……………
7. 그 드라마 주인공이 죽다 / …………… / ……………

연습 3

다음과 같이 친구와 이야기해 봅시다.

누구일까요?

- 지난 주말에 쇼핑했어요
- 선생님을 좋아해요
- 지금 배가 고파요
- 어제 집에 늦게 들어갔어요
- 기분이 안 좋아요
- 오늘 약속이 있어요
- 일찍 결혼할 거예요

가 누가 오늘 약속이 있는 것 같아요?
나 왕쯔이 씨가 오늘 약속이 있는 것 같은데요.
가 왜요?
나 왕쯔이 씨가 예쁜 옷을 입고 학교에 왔어요.
⋮

대화 1

25

의사 어디가 아파서 오셨어요?
투이 감기에 걸린 것 같아요. 열도 좀 나는 것 같고요.
의사 어디 봅시다. 목이 부었네요. 열도 좀 있고요.
약을 이틀분 처방해 드리겠습니다.
투이 그 약을 먹으면 많이 졸려요?
의사 아니요, 별로 졸리지 않아요. 그리고 주사도 맞고 가세요.
투이 네? 주사도 맞아야 해요?
의사 주사를 맞으면 빨리 나을 겁니다.
며칠 동안 푹 쉬시고 따뜻한 물도 자주 드세요.

확인해 봅시다.

□ 투이 씨는 왜 병원에 갔어요?

□ 투이 씨는 어떻게 하면 빨리 나을까요?

친구들과 함께 위와 같이 이야기해 봅시다.

대화 2

26

점원 어서 오세요. 뭘 찾으세요?

압둘라 친구 생일 선물을 사려고 하는데요.

점원 이 모자는 어떠세요? 요즘 손님들한테 인기가 많아요.

압둘라 이건 친구한테 안 어울릴 것 같은데요. 다른 건 없어요?

점원 그럼 이건 어때요? 디자인도 멋있고 색깔도 예뻐요.

압둘라 마음에 드는데 친구한테 비슷한 모자가 있는 것 같아요.
음, 좀 더 보고 올게요.

✓ 확인해 봅시다.

☐ 압둘라 씨는 왜 쇼핑을 했어요?

☐ 압둘라 씨는 모자를 골랐어요?

다음 표현을 사용해서 위와 같이 대화를 만들어 봅시다.

친구	모자	안 어울리다 / 다른 것	디자인이 멋있다 / 색깔이 예쁘다
동생	티셔츠	좀 작다 / 큰 것	사이즈가 크다 / 입기 편하다
할머니	스카프	너무 화려하다 / 다른 것	디자인이 단순하다 / 색깔이 어둡다

해 봅시다!

여러분은 선물을 사러 백화점에 왔습니다. 백화점 직원과 손님이 되어서 역할극을 해 봅시다.

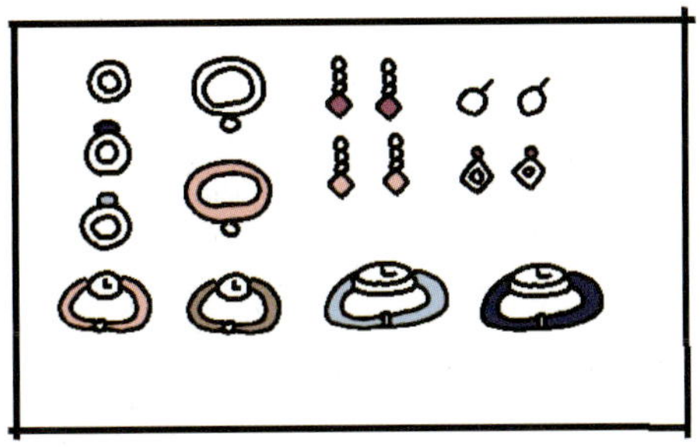

살 것
- ______을/를 사려고 하는데요.

종류, 무늬, 색깔
- 어울릴 것 같아요.
- 안 어울릴 것 같아요.

사이즈
- ______ 사이즈 있어요?
- 입어 봐도 돼요?
- 클/작을 것 같아요.

가격
- 좀 비싸네요.

결정
- 좀 더 보고 올게요.
- 이것으로 할게요.

문법 설명

-는/(으)ㄴ/(으)ㄹ 것 같다

Attached after a verb, an adjective, or 'noun+이다', '-는/(으)ㄴ/(으)ㄹ 것 같다' expresses that what is being said is uncertain. Depending on the word class and tense, '-는/(으)ㄴ/(으)ㄹ 것 같다' can be used like the following forms.

	현재	과거	미래 • 추측
동사	-는 것 같다	-(으)ㄴ 것 같다	-(으)ㄹ 것 같다
	가는 것 같다 먹는 것 같다	간 것 같다 먹은 것 같다	갈 것 같다 많을 것 같다
형용사	-(으)ㄴ 것 같다		
	예쁜 것 같다 많은 것 같다		
명사	-인 것 같다		-일 것 같다
	선생님인 것 같다 친구인 것 같다		선생님일 것 같다 친구일 것 같다

- 그 학생은 요즘 열심히 **공부하는 것 같아요**.
- 친구가 기분이 안 **좋은 것 같아요**.
- 그 사람은 한국 사람**인 것 같아요**.
- 어젯밤 비가 **온 것 같아요**.
- 결혼하면 **행복할 것 같아요**.

어휘와 표현

자꾸
마다
서로
반말하다
점수
결과
아까
놓고 오다

그치다
(우산을)쓰다
경찰차
장학금
별
밀리다
회장
등

주인공
죽다
붓다
이틀
처방하다
졸리다
낫다
사이즈

스카프
화려하다
단순하다
종류
무늬
결정

좀 더 보고 올게요

14과

저한테 한국말을 잘한다고 했어요

14과 저한테 한국말을 잘한다고 했어요

문법 1 -는/ㄴ다고 하다, -다고 하다

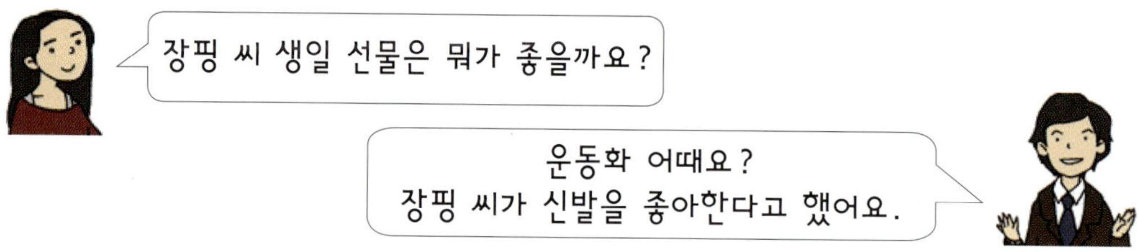

연습 1 다음과 같이 묻고 대답해 봅시다.

가 투이 씨가 뭐라고 했어요?
나 매운 음식을 잘 먹는다고 했어요.

1. 
투이
매운 음식을 잘 먹어요.

2. 
마키
직접 화장품을 만들어요.

3. 
장핑
고향 소식이 궁금해요.

4. 
압둘라
한국보다 우리 나라 여름이 더 더워요.

5. 
카오루
어렸을 때 고양이를 길렀어요.

6. 
간토야
주문한 음식이 금방 도착할 거예요.

7. 
왕쯔이
아버지가 공무원이에요.

8. 
알렉세이
다음 주에 시험이 있어요.

연습 2

다음과 같이 대화를 해 봅시다.

가 조금 전에 알렉세이 씨한테서 전화가 왔어요.
나 아, 그래요? 알렉세이 씨가 뭐라고 했어요?
가 수업 끝나고 같이 밥을 못 **먹는다고 했어요**.
나 왜요?
가 교수님과 상담을 하기로 했다고 했어요 .

1.
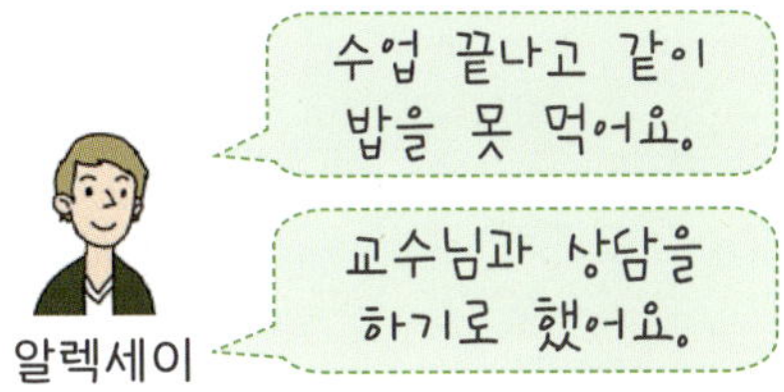

2.
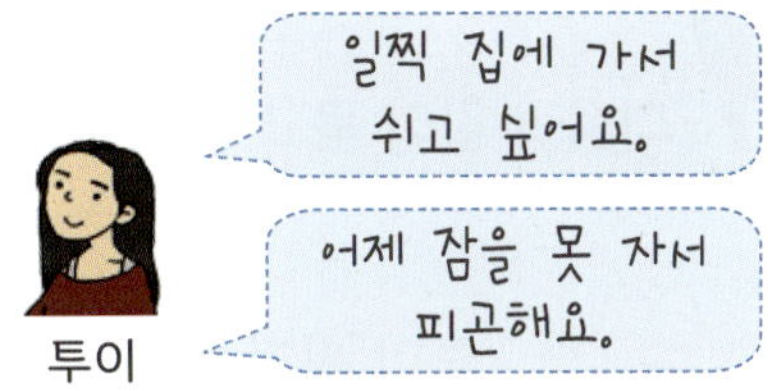

3.
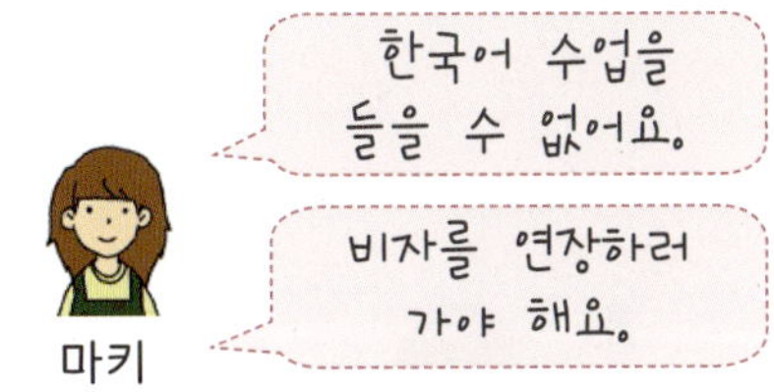

4.
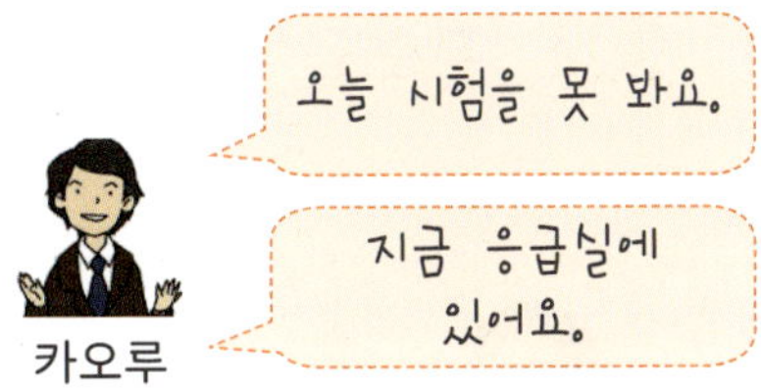

5.
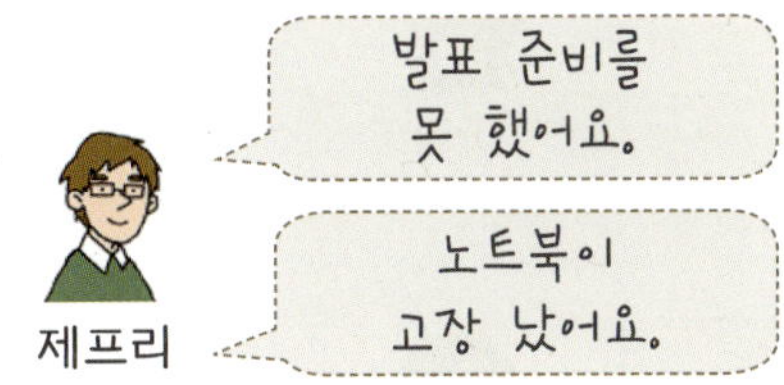

6.
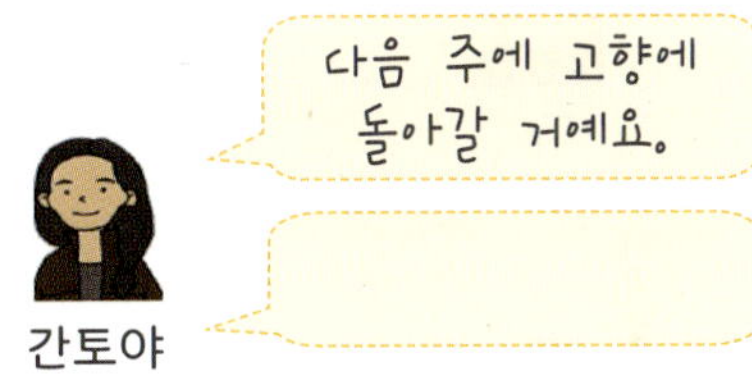

연습 3

다음과 같은 경험을 한 적이 있습니까? 친구와 같이 이야기해 봅시다.

한국 사람　　한국 음식　　한국 문화

한국의 물건　　한국의 교통　　한국의 도시

가 한국에 오기 전에 한국 음식에 대해서 잘 알고 있었어요?
나 네, 길거리 음식이 다양하다고 들었어요.
다 저는 한국 음식이 맵지만 맛있다고 들었어요.
⋮

문법 2 -냐고 하다, -(으)라고 하다, -자고 하다

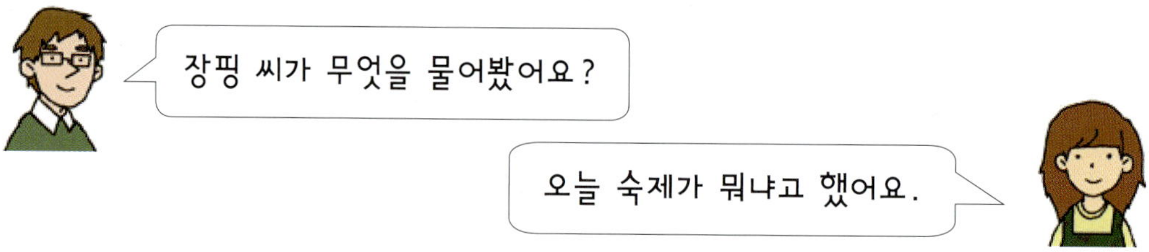

연습 1 다음과 같이 묻고 대답해 봅시다.

가 투이 씨가 뭐라고 했어요?
나 무슨 음식을 좋아하냐고 했어요.

1.
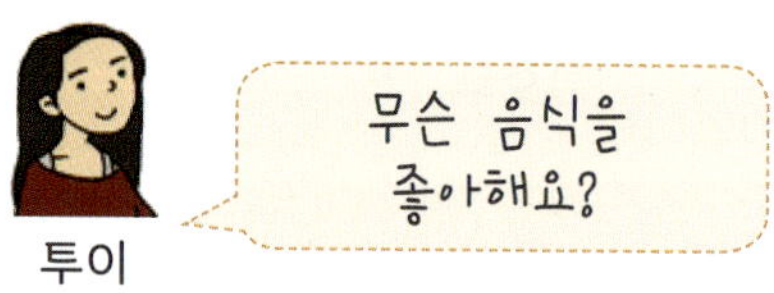

2.
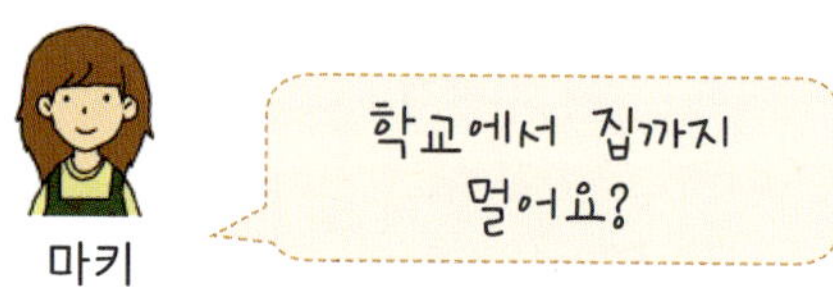

3.
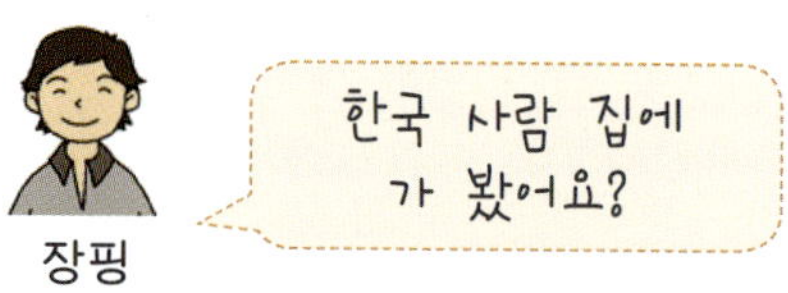

4.
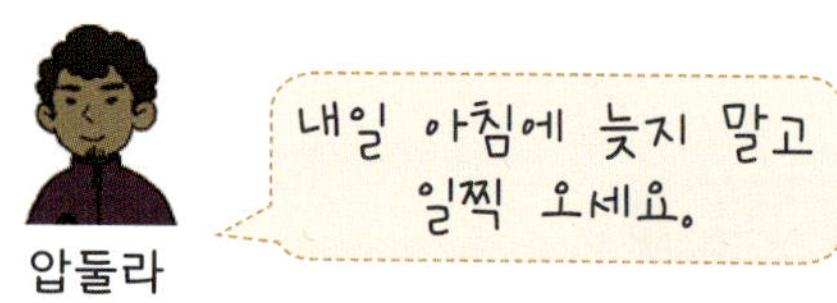

5.
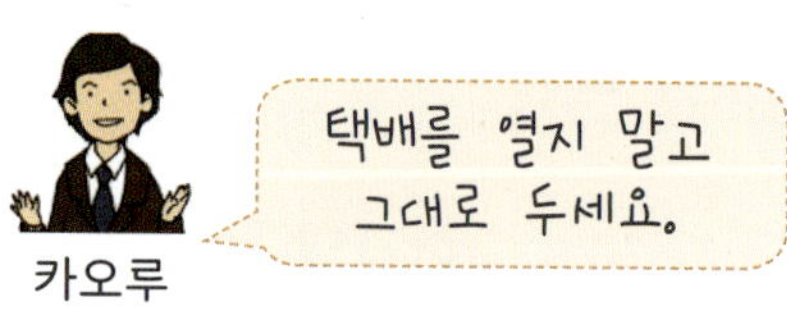

6.
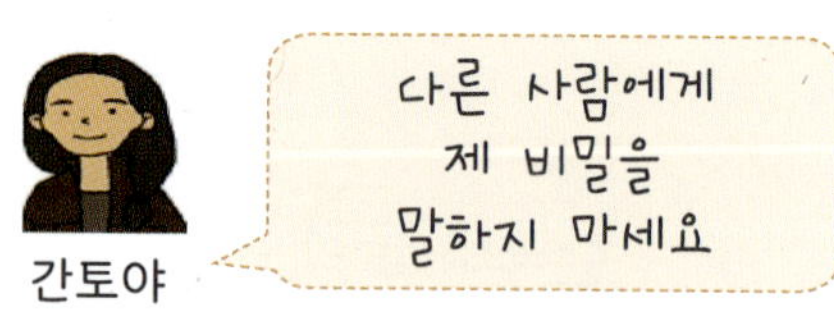

7.
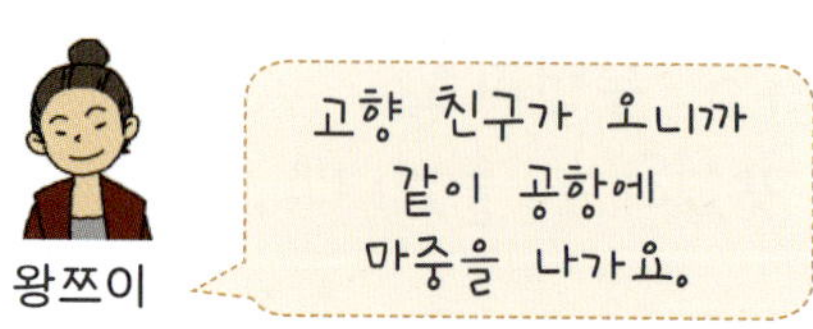

8.
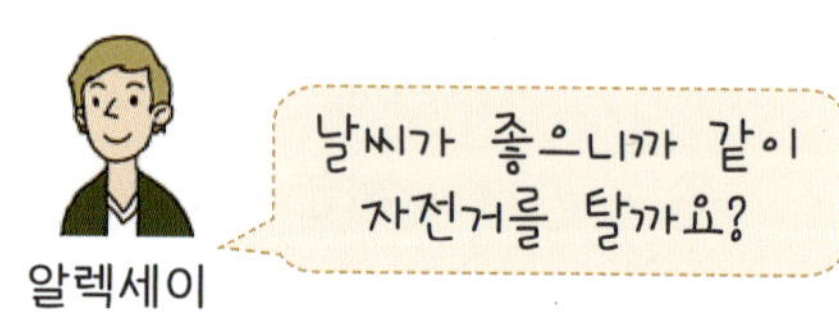

연습 2 다음과 같이 대화를 해 봅시다.

가 1급 때 선생님이 뭐라고 했어요?
나 **2급 공부가 어떠냐고 했어요.**
가 그래서 뭐라고 대답했어요?
나 아주 재미있다고 했어요 .

1.

1급 때 선생님 나

2.

부모님 나

3.

의사 선생님 나

4.

도서관 직원 나

5.

선배 나

6.

친구 나

연습 3

친구에게서 받은 메시지를 보고 다음과 같이 다른 친구에게 전달해 봅시다.

메시지

마키: 카오루 씨, 일요일에 시간 있어요?

카오루: 네~

마키: 시간 있으면 간토야 씨하고 같이 놀이공원에 갈까요?

카오루: 좋아요^^

마키: 간토야 씨하고 이야기한 다음에 저한테 연락 주세요.

카오루: 알겠어요.

▶

메시지

카오루: 마키 씨한테서 메시지가 왔어요.

간토야: 마키 씨가 뭐라고 했어요?

카오루: 일요일에 시간이 있냐고 물어봤어요.

간토야: 왜요?

카오루: 시간이 있으면 같이 놀이공원에 가자고 했어요. 간토야 씨는 어때요?

간토야: 좋아요^^

카오루: 그럼 마키 씨한테 제가 연락할게요.

▶

대화 1

27

지훈	왕쯔이 씨, 어제 텔레비전에서 건강수첩 봤어요?
왕쯔이	아니요, 특별한 내용이 있었어요?
지훈	네, 피부에 좋은 음식이 나왔어요.
왕쯔이	무슨 음식이 피부에 좋다고 해요?
지훈	저도 잘 몰랐는데 토마토가 피부에 좋다고 해요.
왕쯔이	그래요? 저는 토마토를 좋아해서 즐겨 먹어요.
지훈	아, 왕쯔이 씨 피부가 좋은 이유를 알았네요. 그럼 오늘 점심은 토마토 파스타 어때요?

확인해 봅시다.

□ 지훈 씨는 어제 무엇에 대한 뉴스를 봤어요?

□ 두 사람은 점심에 무슨 음식을 먹을 것 같아요?

다음 표현을 사용해서 위와 같이 대화를 만들어 봅시다.

피부에 좋은 음식	토마토	즐겨 먹다	오늘 점심 / 토마토 파스타
건강에 좋은 음식	시금치	즐겨 먹다	오늘 저녁 / 시금치 요리
건강에 좋은 운동	등산	자주 하다	이번 주말 / 등산

대화 2

28

압둘라	알렉세이 씨, 어제 뭐 했어요?
알렉세이	지훈 씨가 집에 가자고 해서 지훈 씨 집에 갔다 왔어요.
압둘라	재미있었어요?
알렉세이	네, 맛있는 음식도 먹고 지훈 씨 가족들하고 이야기도 많이 했어요.
압둘라	무슨 음식을 먹었어요?
알렉세이	갈비찜하고 잡채하고 미역국을 먹었어요.
압둘라	와, 정말 부럽네요! 그런데 한국말로 이야기하는 게 어렵지 않았어요?
알렉세이	좀 어려웠지만 재미있었어요. 지훈 씨 가족들이 저한테 한국말을 잘한다고 했어요. 그래서 기분이 좋았어요.

확인해 봅시다.

- ☐ 알렉세이 씨는 어제 지훈 씨 집에서 무엇을 했어요?
- ☐ 지훈 씨 가족들이 알렉세이 씨에게 뭐라고 했어요?

친구들과 함께 위와 같이 이야기해 봅시다.

해 봅시다!

다음 안내문을 보고 친구가 모르는 정보를 알려 줍시다.

문화체험 안내

이번 주 금요일에 민속촌으로 문화체험을 갑니다.

- 만나는 시간 : 오전 9시
- 만나는 장소 : 학교 정문 앞
- 준비물 : 도시락, 멀미약, 선글라스 등

※ 늦게 오지 마세요.
※ 많이 걸어야 하니까 운동화를 신으세요.
※ 편한 옷을 입으세요.

졸업 파티에 초대합니다

- 언제 : 이번 주 토요일 오후 6시
- 어디 : 기숙사 1층 식당

※ 늦게 오지 마세요.
※ 맛있는 음식을 많이 준비할 거니까 저녁을 먹지 말고 오세요.
※ 참석하면 기념품을 받을 수 있습니다.

가 .... 씨, 문화체험 안내문 봤어요?
나 아니요, 아직 못 봤어요. 뭐라고 써 있었어요?
가 금요일에 민속촌으로 문화체험을 간다고 해요.
나 그래요? 재미있겠어요. 몇 시까지 학교에 가야 해요?
가 아침 9시까지 학교 정문 앞으로 가야 한다고 해요.
⋮

문법 설명

-는/ㄴ다고 하다, -다고 하다

Attached after a verb, an adjective, or 'noun+이다', '-는/ㄴ다고 하다, -다고 하다' is used to deliver what the speaker has heard/seen from somewhere else. Depending on the word class and tense, '-는/ㄴ다고 하다, -다고 하다' can be used like the following forms.

	현재	과거	미래 • 추측
동사	-는/ㄴ다고	-았/었/였다고	-(으)ㄹ 거라고
	간다고	갔다고	갈 거라고
	먹는다고	먹었다고	먹을 거라고
형용사	-다고	-았/었/였다고	-(으)ㄹ 거라고
	예쁘다고	예뻤다고	예쁠 거라고
	많다고	많았다고	많을 거라고
명사	-(이)라고	-이었/였다고	-일 거라고
	선생님이라고	선생님이었다고	선생님일 거라고
	친구라고	친구였다고	친구일 거라고

- 장핑 씨가 고향 음식을 자주 **먹는다고 했어요**.
- 지훈 씨가 내일이 자기 생일**이라고 해요**.
- 투이 씨가 방학에 고향에 **갈 거라고 해요**.
- 사람들이 제주도가 **아름답다고 해요**.
- 마키 씨가 고향 음식을 자주 **만든다고 했어요**.
- 윤아 씨가 지난 주말에 제주도 여행을 **했다고 했어요**.

-냐고 하다

Attached after a verb, adjective, or 'noun+이다', '-냐고 하다' is used to deliver another person's question to the listener.

- 선생님이 저한테 고향 음식을 자주 **먹냐고 했어요**.
- 한국 사람들이 저한테 왜 한국어를 **공부하냐고 해요**.
- 친구 이름이 뭐**냐고 물었어요**.
- 고향이 어디**냐고 물었어요**.
- 왕쯔이 씨가 무슨 음식을 **만드냐고 질문했어요**.
- 지훈 씨가 그 영화가 **재미있었냐고 했어요**.
- 룸메이트가 저한테 방학에 고향에 **갈 거냐고 해요**.

문법 설명

-(으)라고 하다

Attached after a verb, '-(으)라고 하다' is used to indirectly deliver another person's request or demand to other people.

- 선배가 저한테 열심히 **공부하라고 해요**.
- 친구가 저한테 이 책을 한번 **읽어 보라고 했어요**.
- 선생님이 학생들한테 문장을 **만들라고 하셨어요**.

-자고 하다

Attached after a verb, '-자고 하다' is used to deliver a suggestion or an offer that the subject has heard from another person.

- 간토야 씨가 저한테 내일 영화를 보러 **가자고 했어요**.
- 언니가 이따가 같이 밥을 **먹자고 했어요**.

어휘와 표현

소식	비자	떠들다	시금치
궁금하다	응급실	내용	안내문
기르다	길거리	피부	문화체험
주문하다	다양하다	토마토	민속촌
금방	그대로	즐겨 먹다	도시락
공무원	두다	이유	멀미약
상담	마중	파스타	참석하다

MEMO

읽기

7. 이 가방은 주머니가 많아서 편리할 것 같아요
8. 저는 학교 근처에 있는 커피숍에 자주 갑니다

읽기 7 이 가방은 주머니가 많아서 편리할 것 같아요

여러분은 인터넷으로 쇼핑을 해 봤습니까?

읽어 봅시다.

1. ★★★★★ wit**** 06.15

이 가방을 여행 갈 때 쓰려고 샀어요. 예쁘고 튼튼해서 아주 마음에 들어요. 이 가방은 메거나 끌 수 있어요. 그리고 주머니도 많아서 편리할 것 같아요. 여행을 가시는 분들한테 이 가방을 추천해요.

2. ★★★☆☆ sil**** 06.09

인터넷에서 볼 때는 가방이 작은 것 같았어요. 그래서 주문했는데 생각보다 크고 무겁네요. 이 가방은 남자가 쓰는 게 좋겠어요. 그래서 별을 세 개만 드렸습니다.

3. ★★★★☆ ynh**** 06.07

다른 사람들이 배송이 느리다고 해서 걱정했습니다. 하지만 생각보다 빨리 받았습니다. 저는 하늘색 가방을 샀는데 인터넷에서 본 것보다 색깔이 좀 어둡습니다. 그것 말고 다른 것은 모두 마음에 듭니다.

4. ★☆☆☆☆ park*** 06.01

배송이 너무 느려요. 한 달 전에 주문했는데 오늘 받았어요. 그리고 가방에서 안 좋은 냄새가 많이 나요. 냄새 때문에 머리가 너무 아프네요. 이 가방을 사지 마세요.

가. 이야기해 봅시다.

1. 첫 번째 사람은 왜 이 가방이 좋다고 했습니까?
2. 세 번째 사람은 무엇을 걱정했습니까?
3. 네 번째 사람이 별을 한 개만 준 이유는 무엇입니까?

나. 맞으면 O, 틀리면 X를 하십시오.

1. 두 번째 사람은 남자 친구에게 선물하려고 가방을 샀습니다. (　　)
2. 세 번째 사람은 가방 색깔이 마음에 들지 않습니다. (　　)
3. 네 번째 사람은 배송이 느려서 주문을 취소했습니다. (　　)

다. ______에 주의하면서 읽어 봅시다.

1. 주머니도 많아서 편리할 것 같아요.
2. 그래서 주문했는데 생각보다 크고 무겁네요.
3. 다른 사람들이 배송이 느리다고 해서 걱정했습니다.

라. 읽은 내용을 가지고 대화를 만들어 봅시다.

가　이 가방을 사고 싶어요?
나　네/아니요, ...
가　어떤 점이 마음에 들어요/마음에 안 들어요?
나　..
가　그리고요?
나　..

여러분이 인터넷으로 산 물건에 대해서 위와 같이 써 봅시다.

어휘와 표현

인터넷　튼튼하다　메다　끌다　편리하다　무겁다　배송　느리다　하늘색　어둡다　냄새

읽기 8 저는 학교 근처에 있는 커피숍에 자주 갑니다

여러분은 자주 가는 단골 가게가 있습니까?

읽어 봅시다.

저는 학교 근처에 있는 커피숍에 자주 갑니다. 그 커피숍은 조용한 곳에 있습니다. 그곳에는 혼자 음악을 듣거나 책을 보는 사람들이 많습니다. 저도 혼자 쉬고 싶을 때 거기에 갑니다.

제가 그 커피숍을 좋아하는 이유는 큰 창문이 있기 때문입니다. 그래서 거기에 가면 항상 창문 근처에 앉습니다. 창밖을 보면서 커피를 마실 때 정말 행복합니다. 비가 올 때도 저는 그곳에 자주 갑니다. 창문 근처에 앉아서 비 오는 것을 보면 마음이 편해집니다.

그 커피숍에서는 다른 곳에서 볼 수 없는 예쁜 컵이 많습니다. 그래서 컵만 사러 오는 손님들도 있습니다. 저도 친구 생일에 컵을 사서 선물했습니다. 친구가 그 컵이 아주 마음에 든다고 했습니다. 그래서 기분이 아주 좋았습니다.

그 커피숍에는 늘 좋은 음악과 커피 향기가 있습니다. 저는 시간이 있을 때 거기에 가서 책을 보고 음악도 듣습니다. 그 커피숍은 저에게 행복을 주는 곳입니다.

가. 이야기해 봅시다.

1. 이 사람의 단골 가게는 어디입니까?
2. 이 사람은 왜 그곳을 좋아합니까?
3. 이 사람은 그곳에서 무엇을 합니까?

나. 맞으면 O, 틀리면 X를 하십시오.

1. 그 커피숍 근처는 복잡하지 않습니다. (　　)
2. 이 사람은 친구와 같이 자주 그 커피숍에 갑니다. (　　)
3. 그 커피숍에서 친구의 생일 파티를 했습니다. (　　)

다. ______에 주의하면서 읽어 봅시다.

1. 다른 곳에서 볼 수 없는 예쁜 컵이 많습니다.
2. 컵만 사러 오는 손님들도 있습니다.
3. 그 커피숍은 저에게 행복을 주는 곳입니다.

라. 읽은 내용을 가지고 대화를 만들어 봅시다.

가 시간이 있으면 무엇을 해요?
나 커피숍에 가요.
가 자주 가는 커피숍이 있어요?
나 네, ...
가 .... ?
나 ....
가 .... ?
나 ....

여러분이 자주 가는 단골 가게에 대해서 친구들에게 소개해 봅시다.

어휘와 표현

단골 가게　　창문　　창밖　　편하다　　음악　　향기

문화
Culture

서울글로벌센터

Seoul Global Center

If you live in a foreign country, you would experience many difficulties until you get to know the country and the language well. For helping foreigners, Seoul Global Center provides essential information such as visa, driver's license, and communication for foreigners including foreign students to live comfortably as they are living in their own country, and they offer consulting in 10 languages that include English, Chinese, Japanese, Mongolian, Vietnamese, Russian, etc.

Also, they provide various cultural programs such as experiencing Korean culture and international cultural festivals. There are 7 Global Village Centers located at places where there are many foreigners so that they can socialize in public places.

- Location: Seoul Global Center Building 4~6 floor, Jongno 38, Jongno-gu, Seoul
- Telephone number: 02-2075-4180
- Business hour: 09:00~18:00 (Monday~Friday)
- Homepage: http://global.seoul.go.kr/

Let's try!

서울글로벌센터에서 하는 다양한 한국 문화체험 및 글로벌 콘서트에 참가해 봅시다.

Let's participate in various Korean cultural experiences and global concerts provided by the Seoul Global Center.

부록
Appendices

Unit 1

Conversation 1

Bat : Wangziyi, why don't we eat dinner after class?
Wangziyi : I have a part-time job today.
Bat : Do you work part-time?
Wangziyi : Yes, I work in a coffee shop.
Bat : Then do you have time tomorrow?
Wangziyi : Oh, sorry. I'm tired. I need to rest a little tomorrow.
Bat : Okay. well. Maybe next time.

Conversation 2

Jeffrrey : Maki, do you have time tomorrow?
Maki : I have an appointment tomorrow. What's up?
Jeffrrey : I would like to go to the movies with you.
Maki : Really? How about Friday night?
Jeffrrey : Great. Then I'll book the tickets.
Maki : What about having dinner together after movie? Dinner is on me.

Unit 2

Conversation 1

Irina : Abdullah, have you been waiting long?
Abdullah : I was just going to call you.
Irina : Oh, sorry. I was stuck in traffic.
Abdullah : No worries. Let's go to the concert.
Irina : Yeh, why don't we have dinner after this?
Abdullah : Maybe later? I just want to go home. It is freezing cold.

Conversation 2

Kaoru : Irina, are you ready to travel to Jeju island?
Irina : Not yet. I only booked airplanes and hotels.
Kaoru : How do you travel around Jeju island then?
Irina : I'll rent a car.
Kaoru : Oh yeah? Who drives the car?
Irina : Since I don't know the way, my friend will do.
Kaoru : Good for you! Have a nice trip.

Unit 3

Conversation 1

Abdullah : The weather is really good these days! When does summer start in Korea?
Wangziyi : It gets hotter from June. And it's very hot in July and August.
Abdullah : Same with my hometown, it is also hot in summer that I can't go outside.
Wangziyi : What did you spend your summer in your hometown?
Abdullah : I ate ice cream every day, so I got fat like this.
Wangziyi : What? Hahaha.

Conversation 2

Zhangping : It is so hot today.
Yunah : Yeah, it's getting hotter after the rainy season.
Zhangping : What is the food that Koreans often eat in summer?
Yunah : Do you know *patbingsu*? It's cool and tasty, so I eat it a lot in summer.
Zhangping : Oh, I think I've seen it on TV. Are there any shops selling *patbingsu* near here?
Yunah: Yeah, there is one in front of the campus. Why don't we go there?

Unit 4

Conversation 1

Abdullah : Wangziyi, what are you going to do after the class?
Wangziyi : I'm going to buy Alexey's birthday present.
Abdullah : Oh Really? I haven't bought a present yet.
Wangziyi : Then shall we go together?
Abdullah : Good. But I have to go to the bank first and exchange money.
Wangziyi : Ok, call me after class.

Conversation 2

Maki : Jeffrrey, why were you late for class today?
Jeffrrey : I had a stomachache.
Maki : Did you eat something wrong?
Jeffrrey : I don't know. But *tteokbokki* I had this morning was too spicy.
Maki : Did you eat *tteokbokki* this morning?
Jeffrrey : Yes, it is my favorite food ever.
Maki : How do you feel now?
Jeffrrey : I feel better now. I will go home and eat some *tteokbokki* again.

Unit 5

Conversation 1

staff : How may I help you?
Abdullah : I lost my student ID card, and I would like to request a new one.
staff : Please fill out the application form here. Did you bring your picture?
Abdullah : No, I didn't. Then can't I make a new one?
staff : No, you need to bring your picture.
Abdullah : Ok, I got it. I'll be back tomorrow.

Conversation 2

Yunah : Gantuya, when did you start learning Korean?

Gantuya : I started learning Korean three months ago.

Yunah : How did you become so good in Korean?

Gantuya : No, I still struggle when talking to Koreans. Koreans speak so fast, so sometimes I don't understand quite well.

Yunah : Do you often talk with Korean people?

Gantuya : Yeah, I often meet my Korean friends in the club.

Unit 6

Conversation 1

Yunah : Thui, why don't we go to Jeonju next weekend?

Thui : I'd love to. I wanted to go to Jeonju too. But how do we get there?

Yunah : KTX is fast. I'll book the tickets online.

Thui : Thank you. I'll prepare some snacks for the train trip.

Yunah : Sounds great! What do you want to do in Jeonju?

Thui : I want to look around Korean traditional village and eat the famous Jeonju *bibimbap*.

Conversation 2

Wangziyi : Bat, when do you go to Jeju Island? Have you bought your flight ticket?

Bat : I'm going this weekend. I'll buy a ticket today.

Wangziyi : What if you don't get a ticket?

Bat : I'll go by ship then.

Wangziyi : Have you decided where to stay in Jeju Island?

Bat : No, I'm just searching on the internet.

Wangziyi : It is hard to make a reservation on weekend. What will you do if you can't make a reservation?

Bat : Don't worry. Sleeping in the car is also a good memory.

Unit 7

Conversation 1

Maki : My friend is going to come to Korea. I'm going to eat with my friend. Do you have any recommendations for places to eat?

Jeffrrey : How about *seouleui hyang*? It has a good atmosphere and the best food.

Maki : Would my friend like it?

Jeffrrey : That place is foreigner's favorite destination. I'm sure she/he would love it.

Maki : Really? What are some food recommendations?

Jeffrrey : *Bulgogi* and *naengmyeon* are wonderful.

Conversation 2

Zhangping : Irina, have you done with your party preparation?

Irina : Nope, I've finished cleaning, but I haven't cooked yet.

Zhangping : What kind of food are you going to make?

Irina : I'm going to cook *bulgogi* and some Russian dishes.
Zhangping : It will be hard if you do it alone. I'll help you.
Irina : Oh, Thank you!

Unit 8

Conversation 1

Courier : Hello, this is the courier. I came to your house now. But I can't find your house because there are many alleys.
Irina : Where are you now?
Courier : I'm in front of Kookmin mart.
Irina : Then go straight past the mart and turn right at the first alley. I'll come.
Courier : Alright then. Thank you.

Conversation 2

Kaoru : Excuse me. Is there any bank near here?
Man : Yes, go straight this way and then turn left at the intersection. Then there will be a big bookstore. There's a bank next to the bookstore.
Kaoru : Is it far from here?
Man : No, it is not that far. But it closes at 4 o'clock, you'd better hurry up.
Kaoru : Oh, really? Thank you.

Unit 9

Conversation 1

Teacher : Does anyone have questions about rules in dorm in general?
Student 1 : Can we cook in the dormitory, Sir?
Teacher : You can't cook in the room, but you may cook in the kitchen on the first floor.
Student 2 : Can we keep a pet in the dormitory?
Teacher : No, you can't bring animals to the dormitory.
Student 1 : Can my friend visit here?
Teacher : Yes, it is allowed until midnight. Let's all follow the dormitory rules.

Conversation 2

Maki : I have been invited by my Korean friend. What should I be careful about when I go to a Korean friend's house?
Jihoon : You should not wear shoes inside the house.
Maki : It is the same as my country.
Jihoon : Plus, you should not make noise when you are eating.
Maki : Oh, really? You can make noises when eating noodles in Japan.
Jihoon : Yeah, for every country has its own rules.

Unit 10

Conversation 1

Yunah : Gantuya, do you love dancing?

Gantuya : I am interested, but I am not good at it. How about you, Yunah?

Yunah : So do I.

Gantuya : I am jealous of people who are good at dancing.

Yunah : Me too. So, I recently started to learn Latin dance.

Gantuya : Latin dance? Isn't that difficult?

Yunah : It is difficult, but it is also fun. You should try it too.

Gantuya : Then may I go with you when you go to practice?

Conversation 2

Zhangping : Hello, Gantuya, what are you doing now?

Gantuya : I'm chatting with my friend over a cup of coffee. What's up?

Zhangping : There is a good part-time job for you. Gantuya, can you guide international students to the campus in English?

Gantuya : Sure, I've done something similar in my hometown.

Zhangping : That's great! The international student center is looking for someone who could do the job. If you are interested, you should go.

Gantuya : Thanks a lot. I'll.

Unit 11

Conversation 1

Wangziyi : Thui, how was your weekend? Did you have fun?

Thui : Yes, I've just got back from Busan with my friends. We have been to the beach and also had fresh raw fish.

Wangziyi : Wow, I envy you. Do you often hang out on the weekends?

Thui : No, it's been a while since I traveled. I don't usually go well.

Wangziyi : Then what do you usually do on the weekends?

Thui : Either playing games or reading books at home. What about you?

Wangziyi : I'm like you. I watch movies or dramas at home.

Conversation 2

Alexei : Maki, what are you doing?

Maki : I am looking for a sports center to work out.

Alexei : What kind of exercise do you want to do?

Maki : Well... I'm not sure. I'm thinking of either doing yoga or swimming.

Alexei : How about swimming? There is a big swimming pool near campus.

Maki : Yeah, but wouldn't you hate to go when the weather gets cold?

Alexei : Then try yoga. It is good exercise too.

Maki : Yeah, but I have no confidence because I'm new to yoga.

Unit 12

Conversation 1

Maki : Thui, I saw a movie actor Eric yesterday!

Thui : Really? Where? I'm his fan too!

Maki : He was having a meal in Gangnam.

Thui : Have you spoken to him?

Maki : No, I was so nervous I couldn't say anything.

Thui : Then did you take a picture?

Maki : No, I couldn't take pictures either.

Thui : Oh, it's a real shame!

Conversation 2

Abdullah : Gantuya, what did you do over the weekends?

Gantuya : I saw a performance in Myongdong on the weekend.

Abdullah : Really? What kind of performance was it?

Gantuya : It was 'Nanta'.

Abdullah : Nanta? I've seen it last year. It was an unforgettable experience.

Gantuya : I was really fun too. Look at these pictures.

Abdullah : Wow, looking at this picture, I want to go there again.

Unit 13

Conversation 1

Doctor : Is there anything I can do to help?

Thui : I think I catch a cold. I have a slight fever too.

Doctor : Let me check first. Your throat is swollen, and you have a fever too. I'll prescribe the medicines for two days.

Thui : Will I be sleepy if I take that medicine?

Doctor : No, you don't really feel sleepy. And you need to get an injection.

Thui : Yeah? Do I have to get an injection?

Doctor : If you get an injection, you'll get better soon. Take a good rest for a few days and drink warm water often.

Conversation 2

Clerk : Welcome. How may I help you?

Abdullah : I'm looking for my friend's birthday present.

Clerk : How about this cap? It is popular with customers these days.

Abdullah : I don't think this will suit my friend. Anything else?

Clerk : Then how about this? The design is cool and the color is pretty.

Abdullah : I like it but I think my friend has a similar one. Well... I'll take a look around a bit more.

Unit 14

Conversation 1

Jihoon : Wangziyi, have you watched 'Health Handbook' on TV yesterday?

Wangziyi : No, was there anything special?

Jihoon : Yeah, they introduced foods that are good for the skin.

Wangziyi : What foods are good for the skin?

Jihoon : They said tomatoes are good for the skin, which I didn't know well.

Wangziyi : Oh, really? I like tomatoes. I enjoy eating them.

Jihoon : I see, now I know why your skin is so good. Then, how about tomato pasta for lunch today?

Conversation 2

Abdullah : Alexei, what did you do yesterday?

Alexei : Jihoon invited me to his place, so I went there.

Abdullah : Did you have fun?

Alexei : Yes, I had delicious food and talked a lot with his family.

Abdullah : What food did you eat?

Alexei : I ate *galbijjim*, *japchae*, and seaweed soup.

Abdullah : Wow, I envy you! But wasn't it difficult to speak in Korean?

Alexei : It was a little bit difficult, but I enjoyed it a lot. His family told me my Korean is great. So I liked it.

어휘 색인 Vocabulary Glossary

ㄱ

ㄴ

mp3 목록 mp3 list

번호	과		쪽
01	1과	대화 1	p.6
02		대화 2	p.7
03	2과	대화 1	p.16
04		대화 2	p.17
05	3과	대화 1	p.26
06		대화 2	p.27
07	4과	대화 1	p.42
08		대화 2	p.43
09	5과	대화 1	p.52
10		대화 2	p.53
11	6과	대화 1	p.62
12		대화 2	p.63
13	7과	대화 1	p.78
14		대화 2	p.79
15	8과	대화 1	p.88
16		대화 2	p.89
17	9과	대화 1	p.98
18		대화 2	p.99
19	10과	대화 1	p.108
20		대화 2	p.109
21	11과	대화 1	p.124
22		대화 2	p.125
23	12과	대화 1	p.134
24		대화 2	p.135
25	13과	대화 1	p.145
26		대화 2	p.146
27	14과	대화 1	p.155
28		대화 2	p.156

MEMO